高等职业教育机电类专业新形态教材

机械制图与 CAD 习题集

主　编　韩桂新　曾海红
副主编　宗宇鹏　张　黎　赵　娜
参　编　石宝丰　张元军　吕　波　孙红雨

机 械 工 业 出 版 社

本书是为韩桂新和曾海红主编的《机械制图与 CAD》配套编写的。本书配有习题答案。在配套资源中，还编入了许多教材和习题集以外的必要试题，扩大了读者的练习量、知识面，并增添了趣味性。

本书是在广泛吸取高职高专制图教学改革实践经验的基础上编写的，突出应用性和实用性的特点，全面采用现行国家标准。

本书按照 120~150 学时编写，可作为高职本科院校、高职高专、电大、函授以及成人教育学院的机械类、近机械类专业的教材，也可供相关专业的高等教育自学考试人员和工程技术人员参考。

图书在版编目（CIP）数据

机械制图与 CAD 习题集/韩桂新，曾海红主编. —北京：机械工业出版社，2022.7

高等职业教育机电类专业新形态教材

ISBN 978-7-111-72223-6

Ⅰ.①机⋯ Ⅱ.①韩⋯ ②曾⋯ Ⅲ.①机械制图-AutoCAD 软件-高等职业教育-习题集 Ⅳ.①TH126-44

中国版本图书馆 CIP 数据核字（2022）第 235415 号

机械工业出版社（北京市百万庄大街 22 号 邮政编码 100037）

策划编辑：王英杰　　　　　　责任编辑：王英杰

责任校对：李　婷　梁　静　封面设计：王　旭

责任印制：常天培

固安县铭成印刷有限公司印刷

2023 年 3 月第 1 版第 1 次印刷

260mm×184mm・7.75 印张・186 千字

标准书号：ISBN 978-7-111-72223-6

定价：26.00 元

电话服务	网络服务
客服电话：010-88361066	机 工 官 网：www.cmpbook.com
010-88379833	机 工 官 博：weibo.com/cmp1952
010-68326294	金 书 网：www.golden-book.com
封底无防伪标均为盗版	机工教育服务网：www.cmpedu.com

高等职业教育机电类专业新形态教材编委会

主　　任： 王久成　　肖纯凌

副主任： 管俊杰　　吴慧媛

委　　员： 胡育辉　　关　颖　　李　超　　许春英　　赵明威
　　　　　　 刘瑞军　　赵世友　　韩桂新　　王素艳　　赵　慧
　　　　　　 祝溪明　　王　坤　　王秀梅　　吴　爽　　张　泉
　　　　　　 曾海红　　李学哲　　李　健

前　言

本书是在《中华人民共和国国民经济和社会发展第十四个五年规划和2035年远景目标纲要》目标驱动下，在教育部、财政部印发的《关于实施中国特色高水平高职学校和专业建设计划的意见》指引下，经过充分的企业调研，征求有关院校一线教学老师的意见后，在广泛吸取高职高专制图教学改革实践经验的基础上编写的。

本书具有以下特色：

1）全面贯彻现行国家标准，凡在完稿之前收集到的现行标准，均在本书中予以贯彻。

2）与本书配套的《机械制图与CAD》教材同时出版，习题集与教材编写顺序一致。

3）与本书配套的免费资源有习题参考答案。

4）本书编写宗旨为内容紧贴教材，可同步练习，思路清晰、层次分明且循序渐进；对于重点、难点、易错的部分有解析。

5）本书以识图和绘图能力的培养为主线，通过空间与平面的相互转化，使识图与绘图结合在一起，对学生识图和绘图能力的培养起到强化和推动作用。

本书可作为高职本科院校、高职高专、电大、函授和成人教育学院机械类、近机械类专业的教材，也可供相关专业高等教育自学考试人员和工程技术人员参考。

本书是按120~150学时的机械类专业教学要求编写的，对于少学时的其他专业，可根据本专业的特点对内容进行适当删减或降低教学要求。

参加本书编写的有沈阳职业技术学院的韩桂新（编写第7章）、赵娜（编写第1章）、张元军和吕波（编写第5章）、曾海红（编写第6章）、张黎（编写第8章）、辽宁科技学院的宗宇鹏（编写第2章和第3章），还有中国铁路沈阳局集团有限公司的石宝丰（编写第4章），沈阳职业技术学院的张黎、赵娜、孙红雨还参加了习题参考答案的编写。

本书全部由韩桂新统稿，曾海红参与了校对工作。

由于编者水平有限，书中的错误在所难免，敬请广大读者批评指正。

编　者

目 录

前言

第 1 章 机械制图的基本知识与技能 …………………………………………………… 1

第 2 章 机械制图的投影基础 …………………………………………………………… 11

第 3 章 组合体 …………………………………………………………………………… 29

第 4 章 图样常用的表达方法 …………………………………………………………… 44

第 5 章 标准件与常用件 ………………………………………………………………… 66

第 6 章 零件图 …………………………………………………………………………… 77

第 7 章 装配图 …………………………………………………………………………… 97

第 8 章 AutoCAD 2016 基本操作及应用 ……………………………………………… 112

参考文献 …………………………………………………………………………………… 116

第1章 机械制图的基本知识与技能

1.1 机械制图的基本规定

班级：　　　　姓名：　　　　学号：

1.1.1 字体练习

规 格 备 注 标 准 代 号 序 重 量 共 页 技 术 壳 体 底 板 端 盖

铜 铝 锌 铸 锻 链 轮 齿 轮 皮 带 传 动 车 铣 刨 磨 钳 钩 楔 销 减 速 箱 数 材 料 规 格

0 1 2 3 4 5 6 7 8 9 φ R

abcdefghijklmnopqrstuvwxyz

1.1.2 **把下图中尺寸数字和箭头补全**（数字和箭头的形状及大小，以图中尺寸 30 的标注为样板，尺寸数值按 1：1 的比例从图中量取整数）

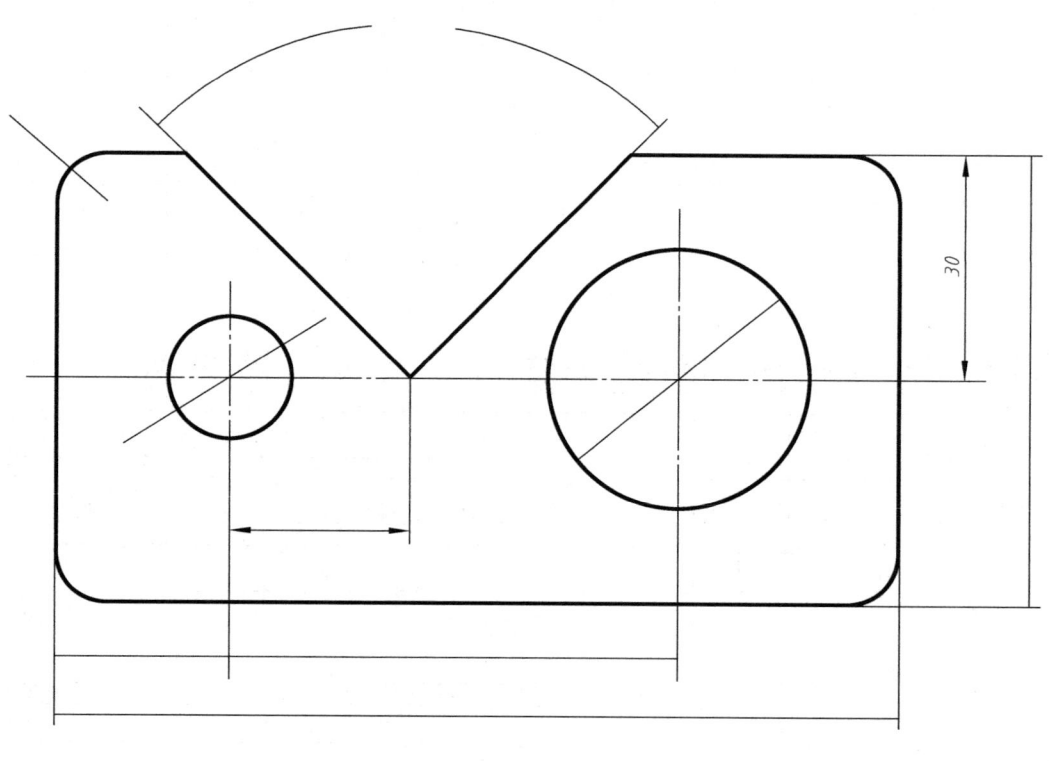

1.1.3 左图中的标注是错误的，在右图中进行正确标注

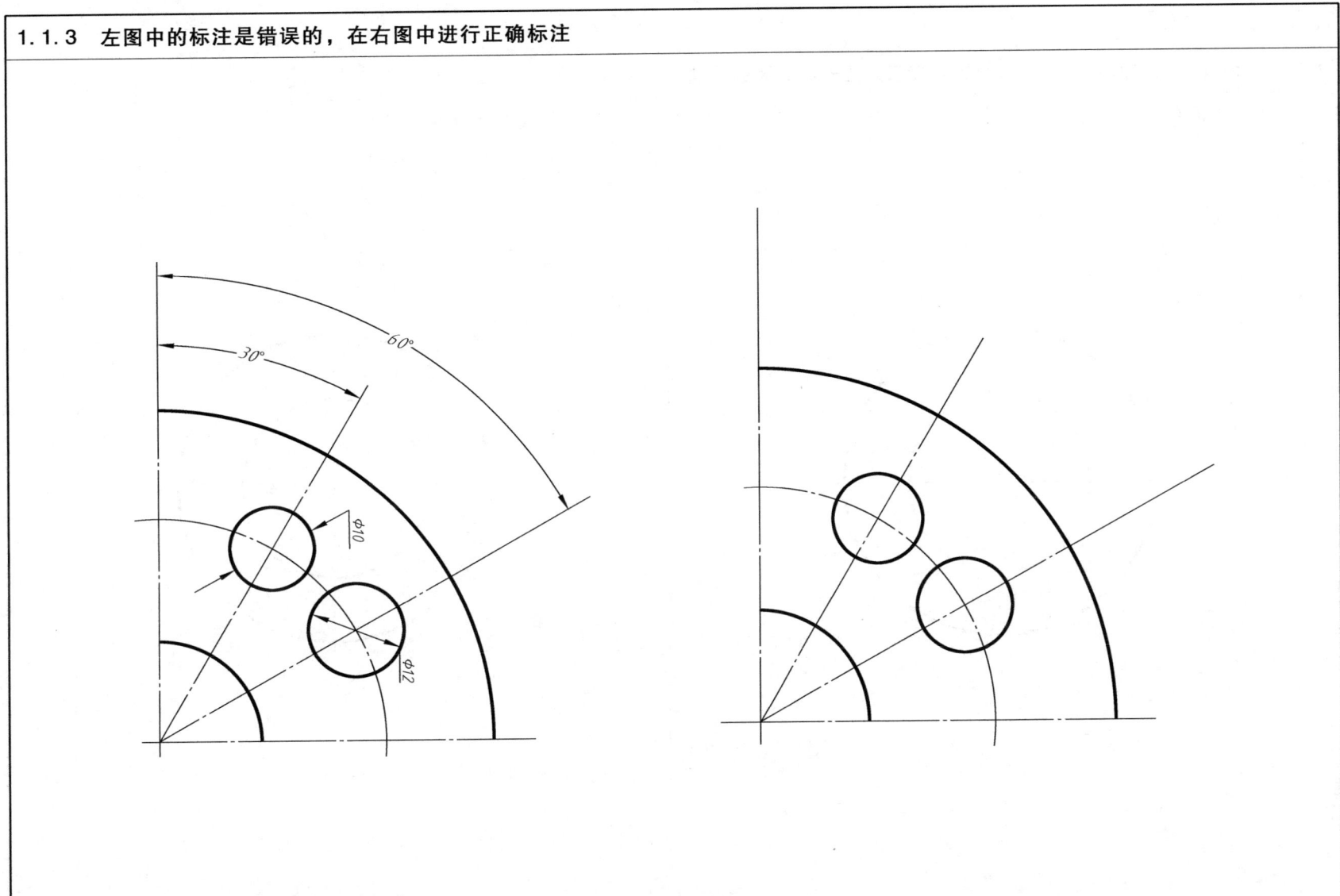

1.2　几何作图

班级：　　　　　姓名：　　　　　学号：

1.2.1　用圆规和三角板分别作小圆的内接正六边形和大圆的外切正六边形

（1）角顶在水平中心线上。

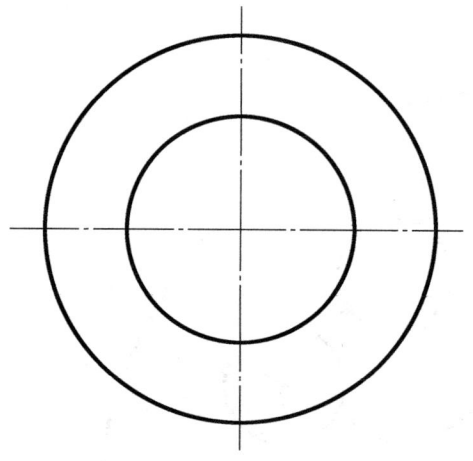

（2）角顶在竖直中心线上。

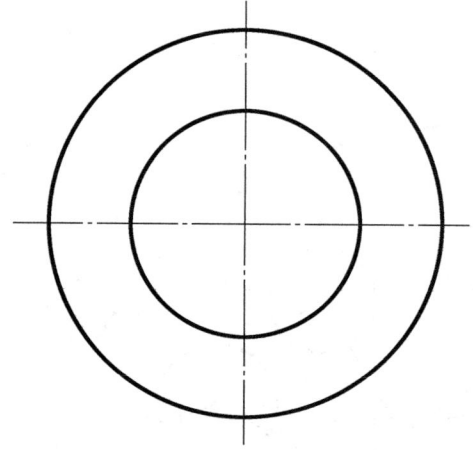

1.2.2　按图中给定的尺寸用1∶1的比例在空白处抄画图形，并标注尺寸

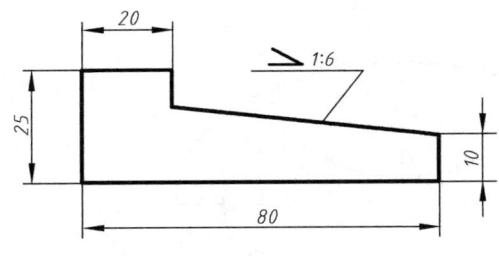

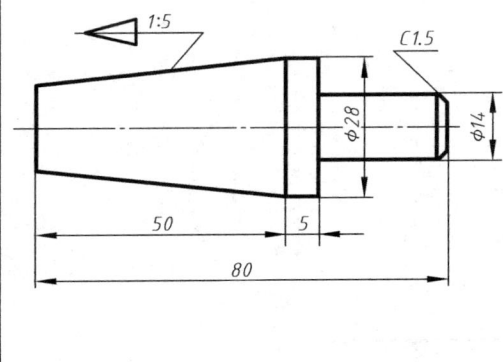

1.3 平面图形的画法

班级： 姓名： 学号：

1.3.1 完成图形的线段连接，保留作图痕迹（比例为1:1）

（1）

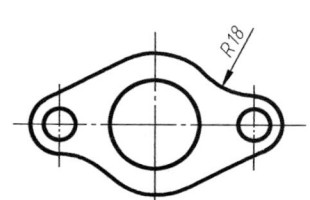

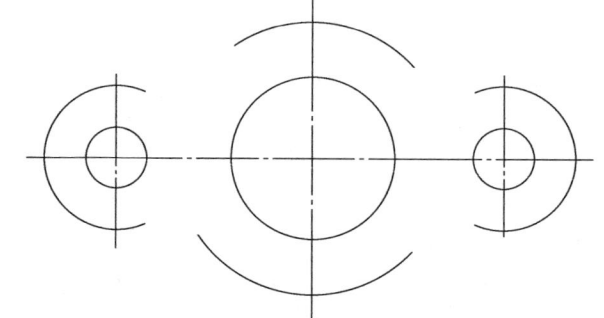

（2）

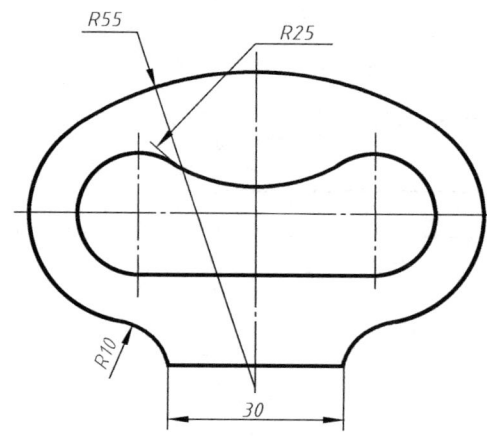

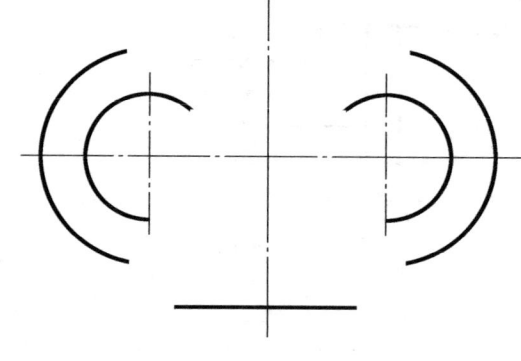

1.3.2　完成图形的线段连接（比例为1：1）　　　　1.3.3　在空白处抄画图形（比例为1：2）

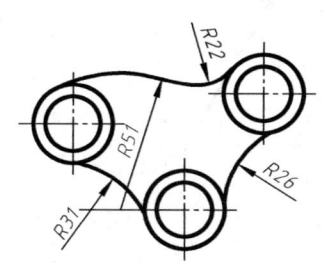

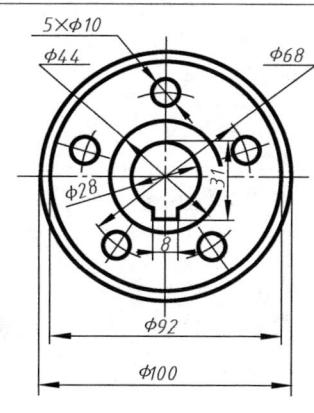

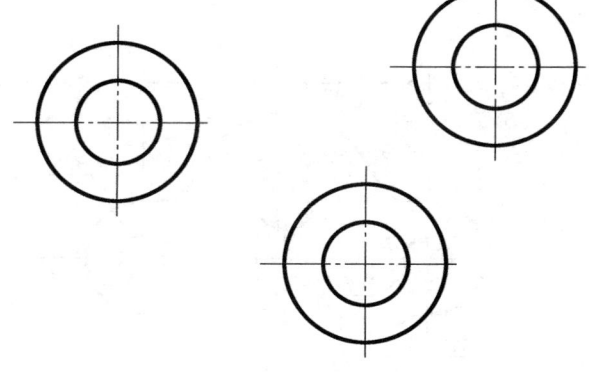

班级： 姓名： 学号：

1.3.4 平面图形绘制大作业

1. 作业目的

（1）熟悉平面图形的绘制方法及尺寸标注。

（2）掌握线型规格及线段连接技巧。

2. 内容与要求

（1）按教师指定的题号绘制平面图形，并标注尺寸。

（2）用 A4 图纸，自己选定绘图比例。

3. 作图步骤

（1）分析图形，对图形的尺寸及线段进行分析，确定作图步骤。

（2）画底稿

① 画图框及标题栏。

② 画出图形的基准线、对称线及圆的中心线等。

③ 按已知线段、中间线段、连接线段的顺序画出图形。

④ 画出尺寸界线、尺寸线。

（3）检查底稿。

（4）铅笔加深图线。

（5）画箭头、标注尺寸、填写标题栏。

4. 注意事项

（1）在布置图形时，应留出尺寸的位置。

（2）画底稿时，图线应轻而准确。

（3）加深图线时应按顺序，做到同类图线规格一致，线段连接光滑。

（4）箭头应符合国家标准。

（5）用标准字体填写尺寸数字及标题栏。

（6）图面保持清洁。

（1）

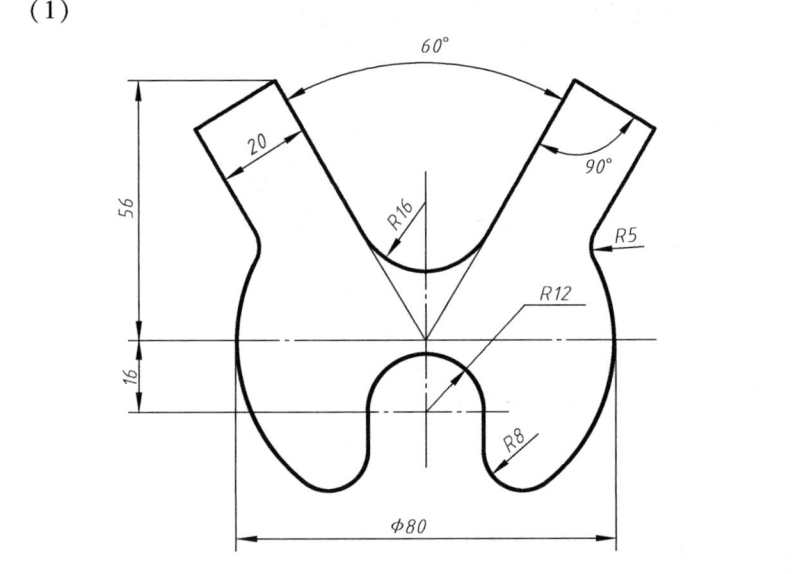

（2）

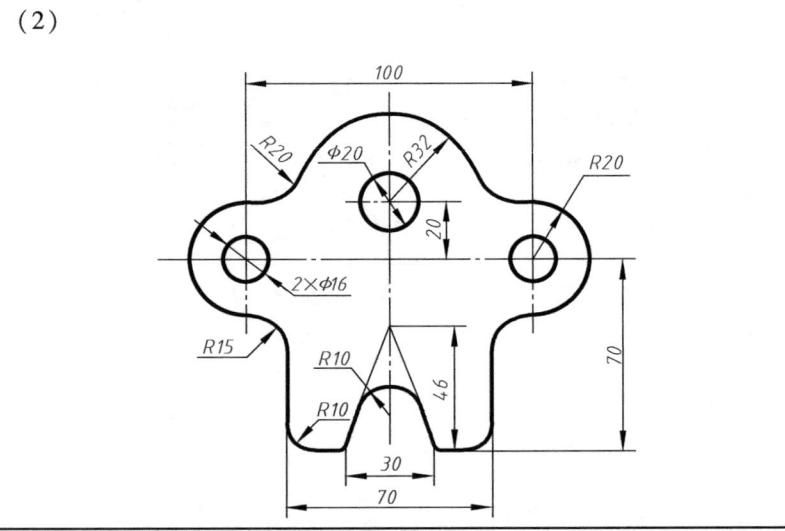

· 8 ·

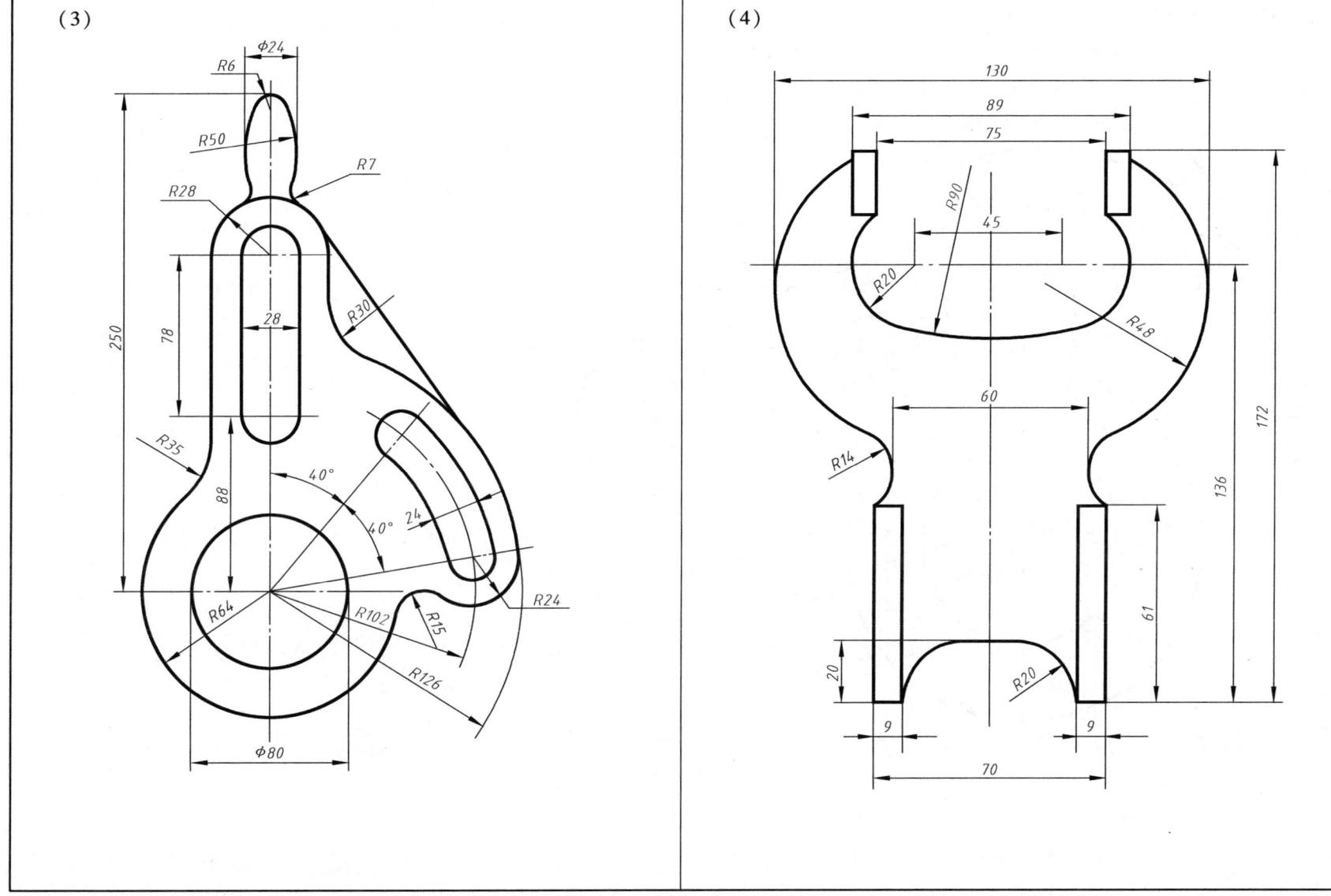

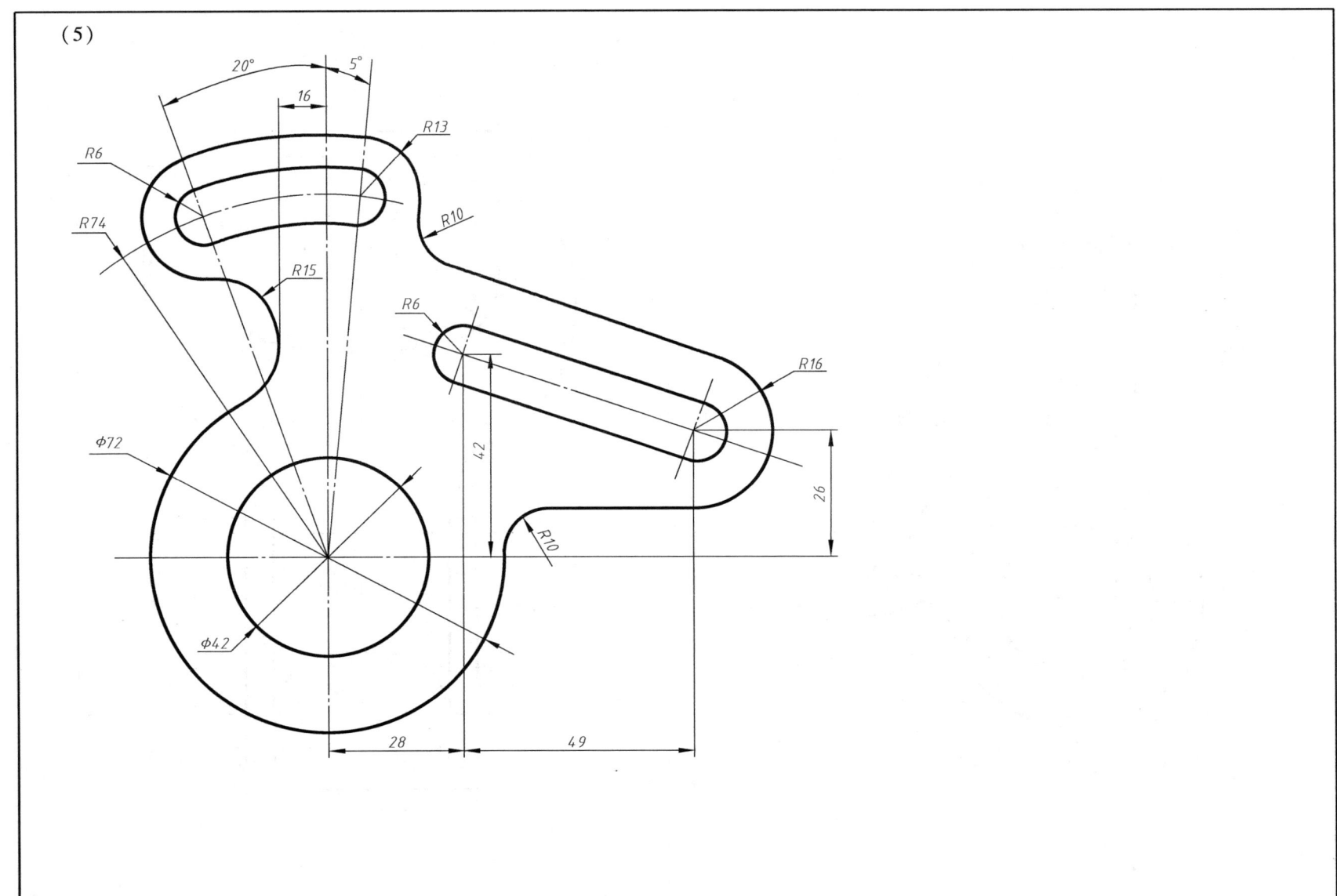

第 2 章　机械制图的投影基础

2.1　投影法的知识　　　　　　　　班级：　　　姓名：　　　学号：

根据三视图的基本知识，完成填空

1. 观察三面投影法，简述三视图的形成

简述三视图的形成过程：
(1)

(2)

(3)

(4)

2. 填空

（1）投影方向与视图名称、视图位置的关系：

由_____向_____投射所得到的视图，称为主视图，应画在图纸的_____位置。

由_____向_____投射所得到的视图，称为左视图，应画在_____位置。

由_____向_____投射所得到的视图，称为俯视图，应画在_____位置。

（2）三视图的位置关系：

主视图反映物体的_____和_____。

左视图反映物体的_____和_____。

俯视图反映物体的_____和_____。

俯、左视图的投影，远离主视图的一边，表示物体的_____。

俯、左视图的投影，靠近主视图的一边，表示物体的_____。

2.2 物体的三视图及对应关系

班级：　　　　姓名：　　　　学号：

2.2.1　根据三视图，选择对应的轴测图的序号填入括号内

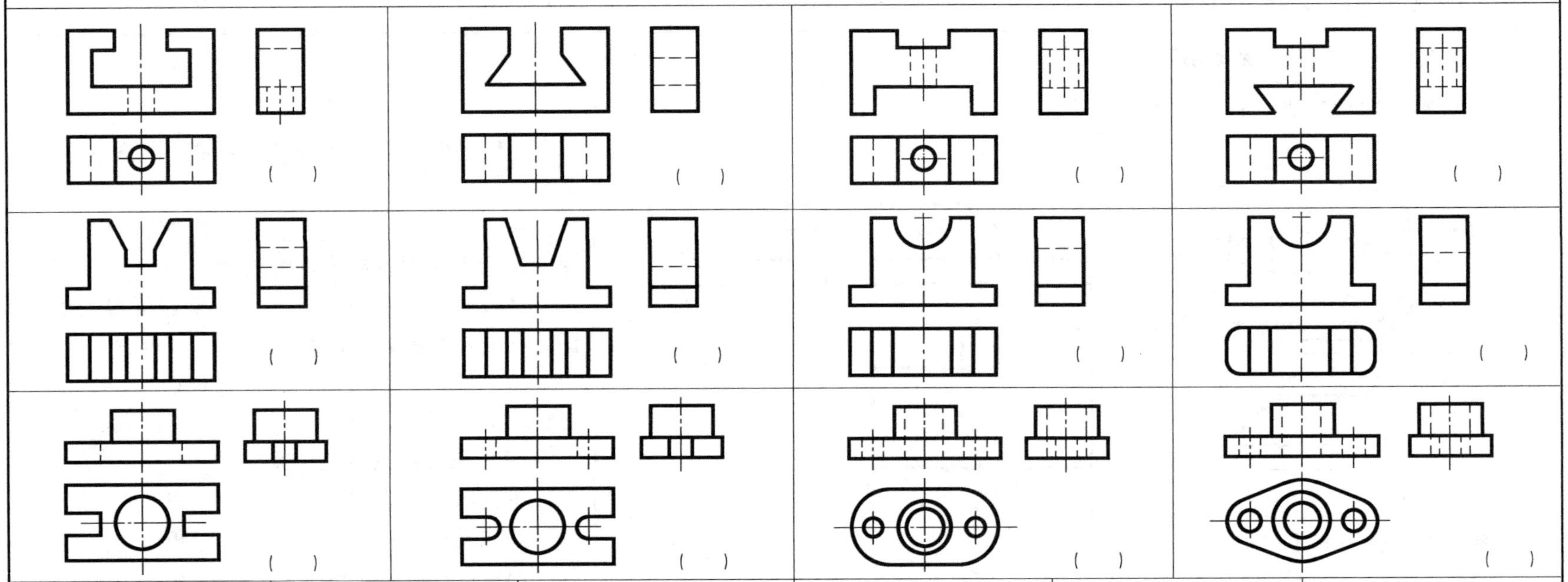

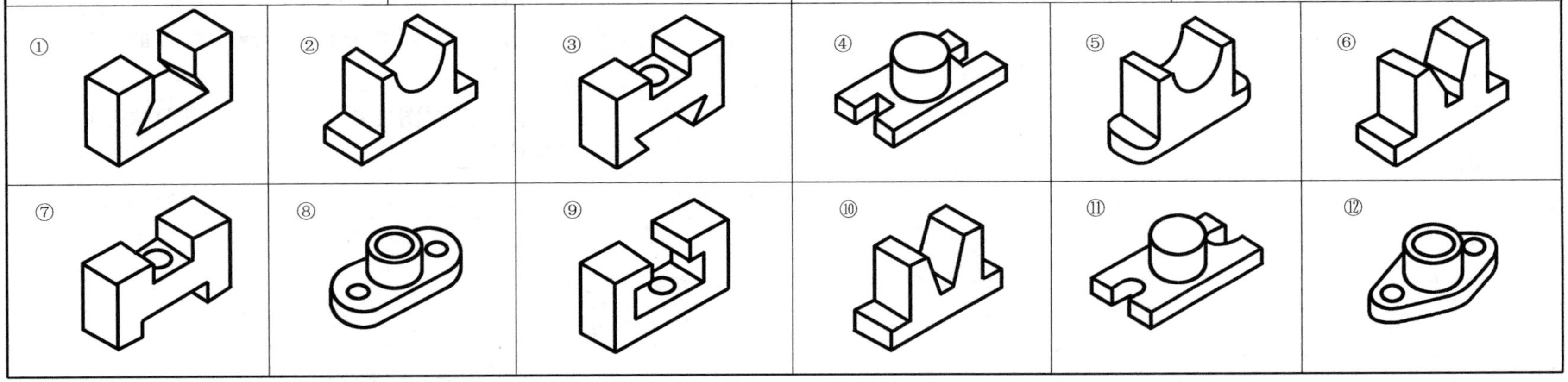

2.2.2 参考（1），按照箭头所指投影方向，补画三视图中的漏线

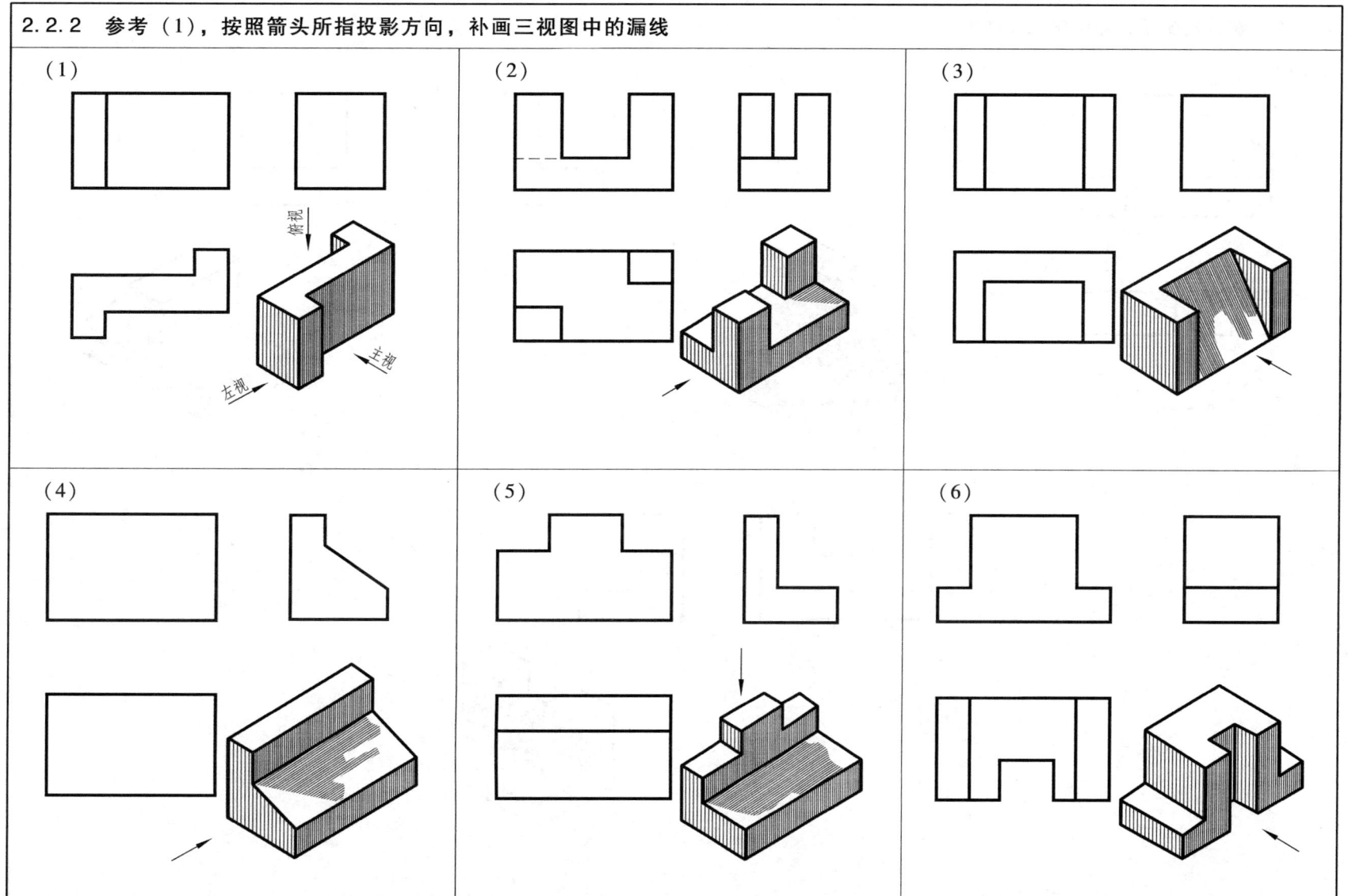

班级： 姓名： 学号：

2.2.3 参照轴测图，补画第三面视图

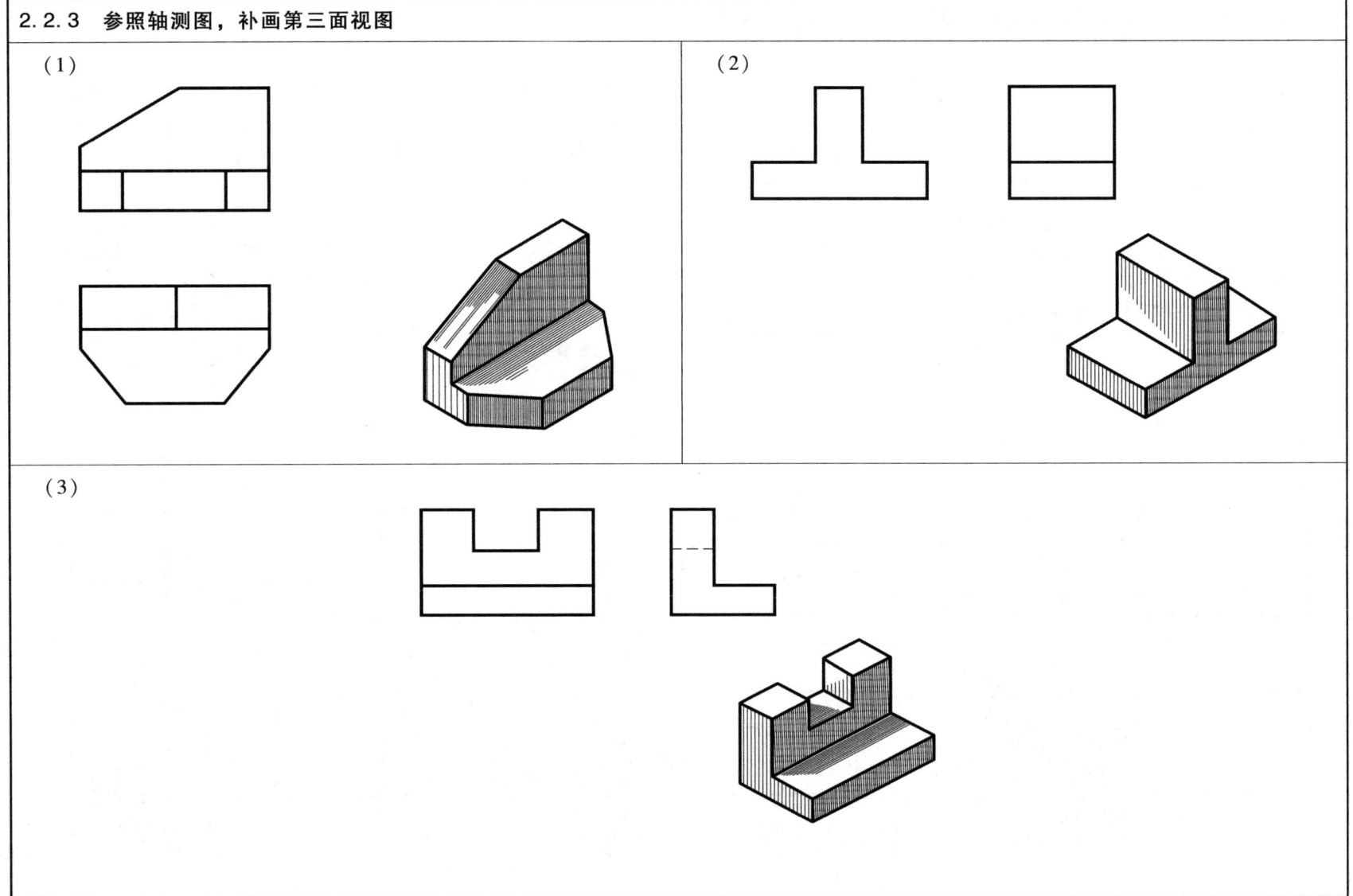

2.3 点的投影

班级：　　　　　姓名：　　　　　学号：

完成三视图投影

（1）已知 P 点在平面 ABCD 上，求 P 点的三面投影。

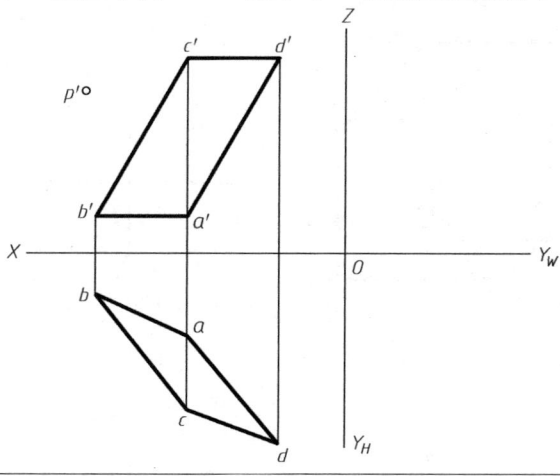

（2）已知 M 点在平面 ABC 上，求 M 点的三面投影。

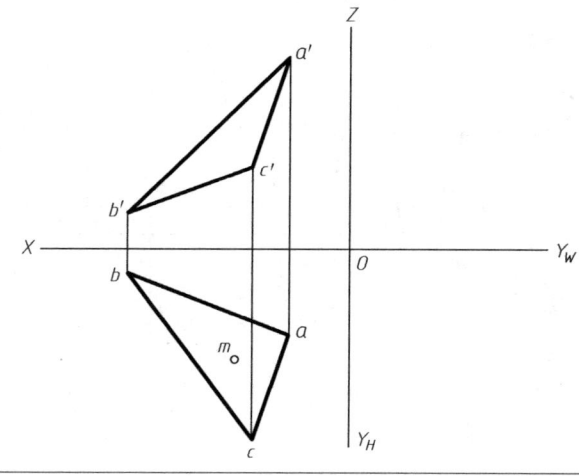

（3）判断 Q 点是否在平面 ABCD 上，并填空。

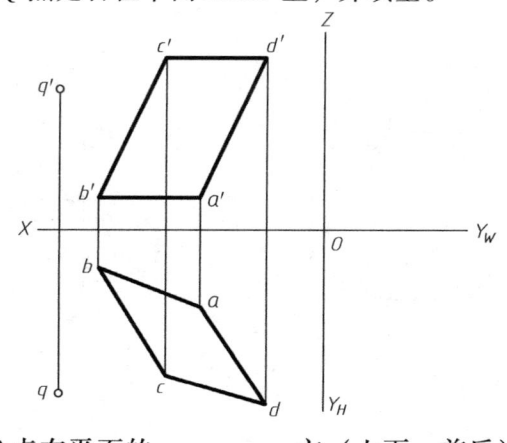

Q 点在平面的____、____方（上下、前后）。

（4）已知直线 MN 在平面 ABC 上，求直线 MN 的三面投影。

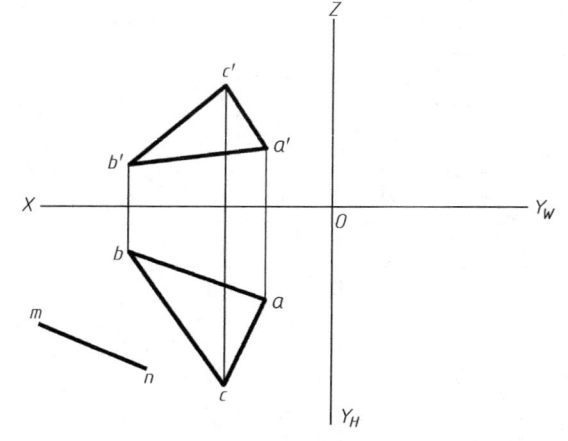

2.4 直线的投影

班级：　　　　姓名：　　　　学号：

2.4.1 根据立体图，完成直线 AB 的三面投影，并填空

（1）
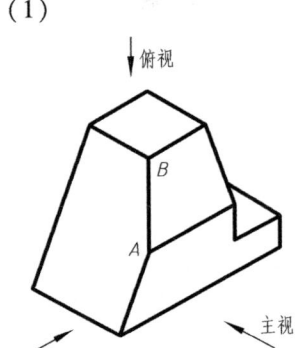
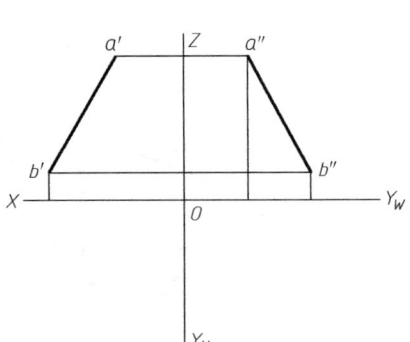

AB 为_____线

（2）
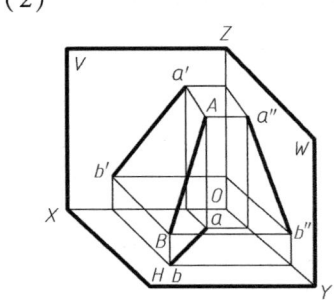
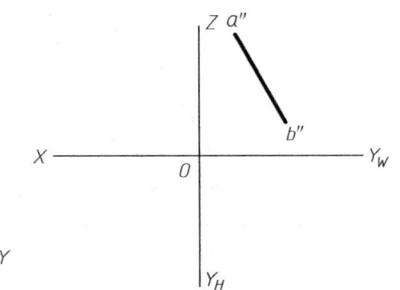

AB 为_____线

（3）
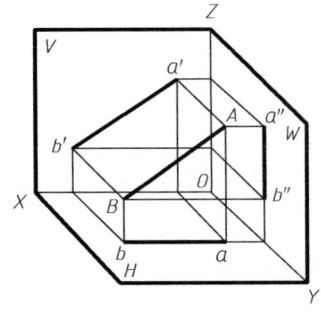
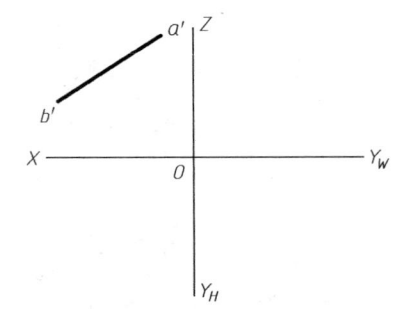

AB 为_____线

（4）
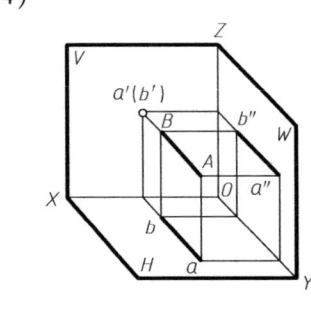
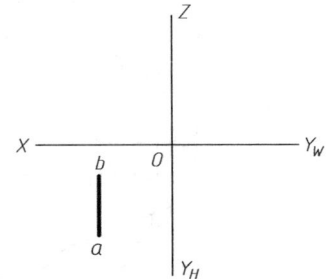

AB 为_____线

· 16 ·

2.4.2 参考轴测图，完成直线的三面投影，并填空

(1)

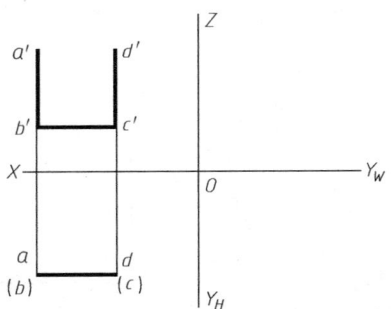

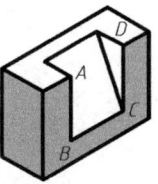

直线 AB 对 H 面_____；
直线 AB 对 V 面_____；
直线 AB 对 W 面_____；
直线 AB 是_____线；
_____实长

(2)

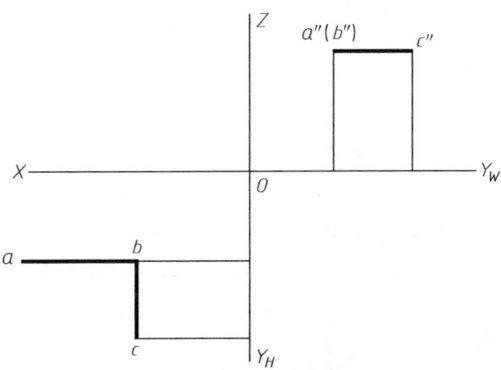

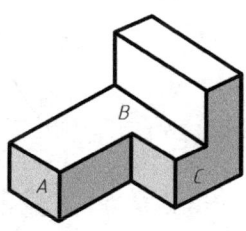

直线 AB 对 V 面_____；
直线 AB 对 H 面_____；
直线 AB 对 W 面_____；
直线 AB 是_____线；
_____实长

2.5 平面的投影

班级：　　　　　姓名：　　　　　学号：

根据立体图，完成平面 P 的三面投影，并填空

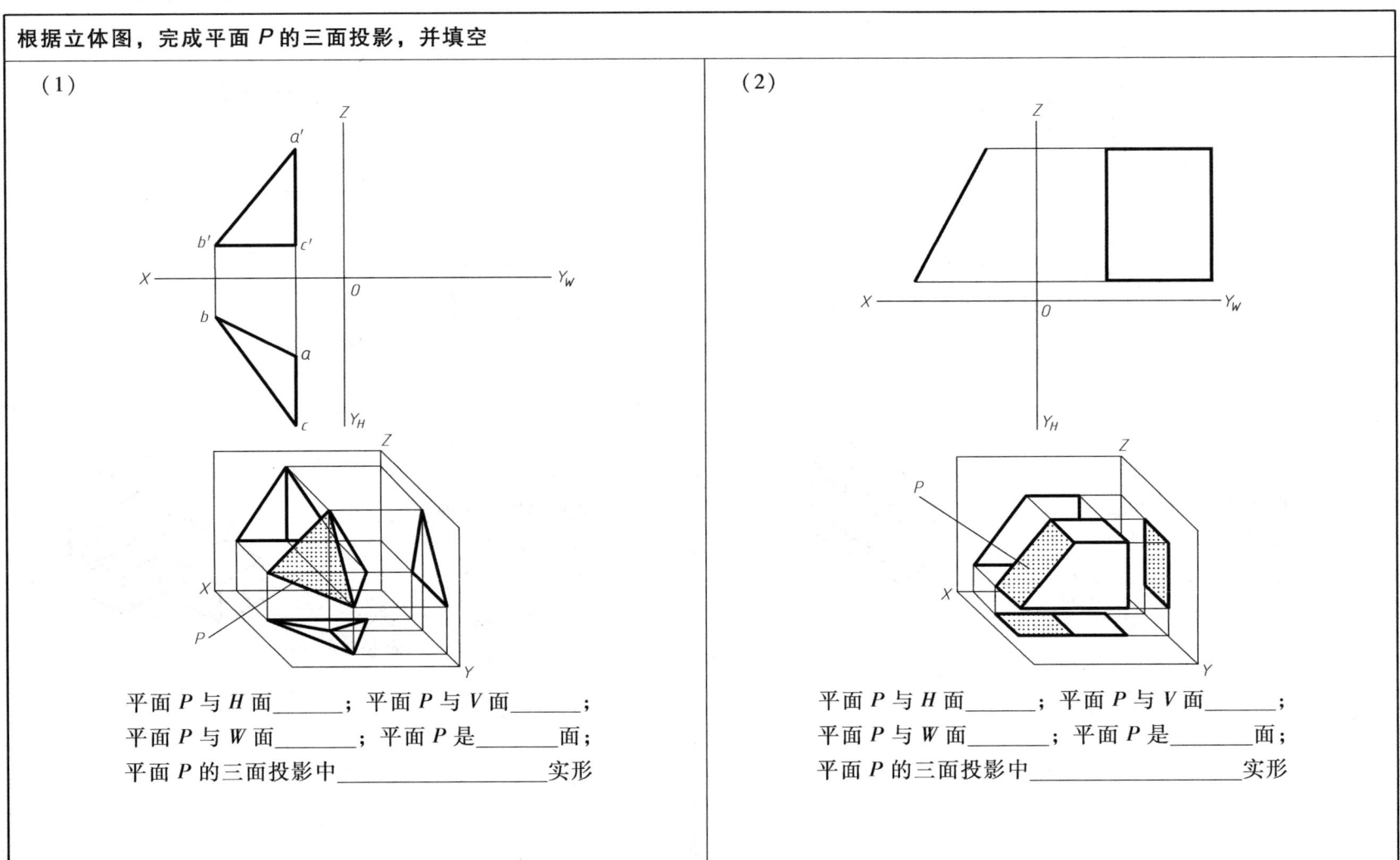

（1）

平面 P 与 H 面_____；平面 P 与 V 面_____；
平面 P 与 W 面_____；平面 P 是_____面；
平面 P 的三面投影中_____实形

（2）

平面 P 与 H 面_____；平面 P 与 V 面_____；
平面 P 与 W 面_____；平面 P 是_____面；
平面 P 的三面投影中_____实形

2.6 基本几何体的投影

班级：　　　　姓名：　　　　学号：

2.6.1 完成棱柱体被截切后的三视图

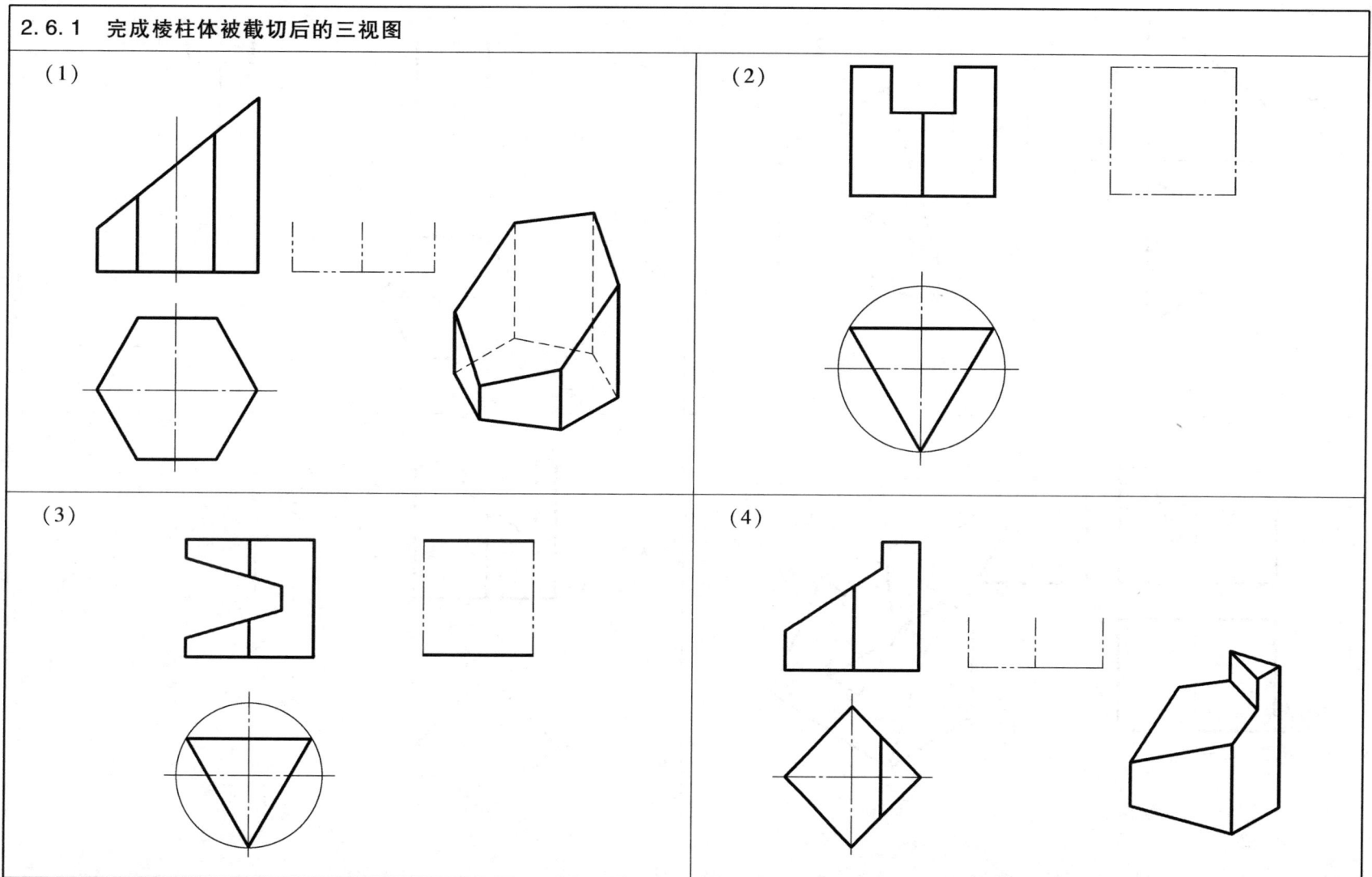

班级：　　　　　姓名：　　　　　学号：

(5)
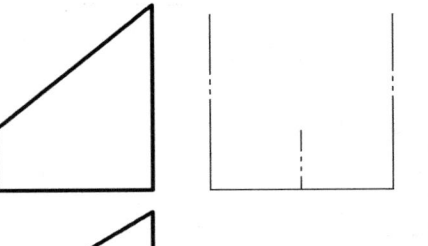

(6)
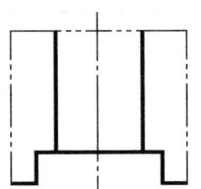
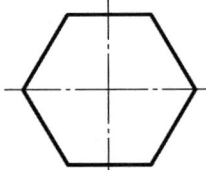

(7)
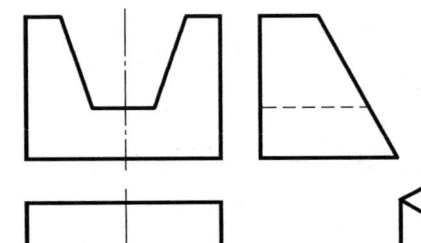

(8)
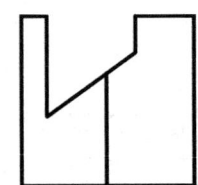
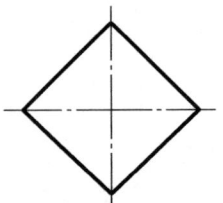

2.6.2 求三棱锥表面上点的另两面投影，完成棱锥体被截切后的三视图	
(1) 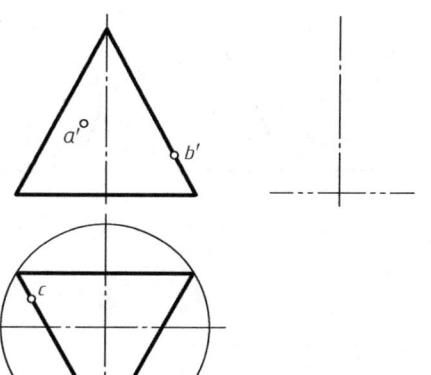	(2) 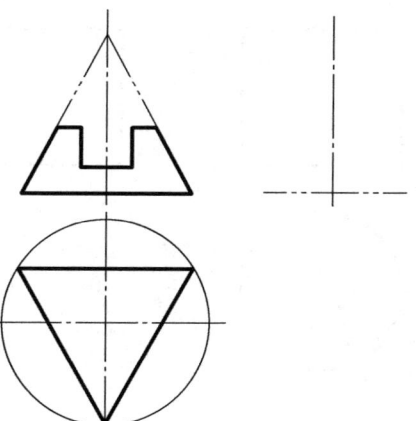
(3) 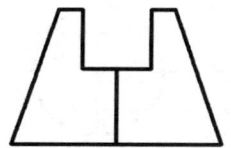 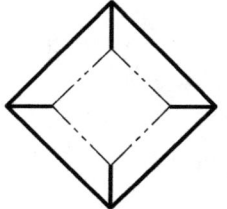	(4) 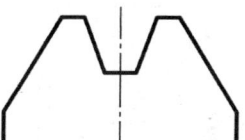 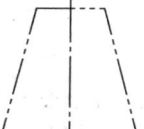

班级：　　　　姓名：　　　　学号：

2.6.3　求作圆柱体表面上点的另两面投影，完成圆柱体被截切后的三视图

（1）

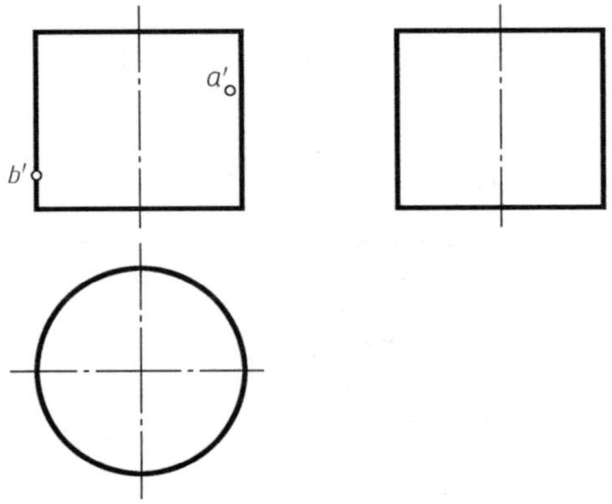

（2）

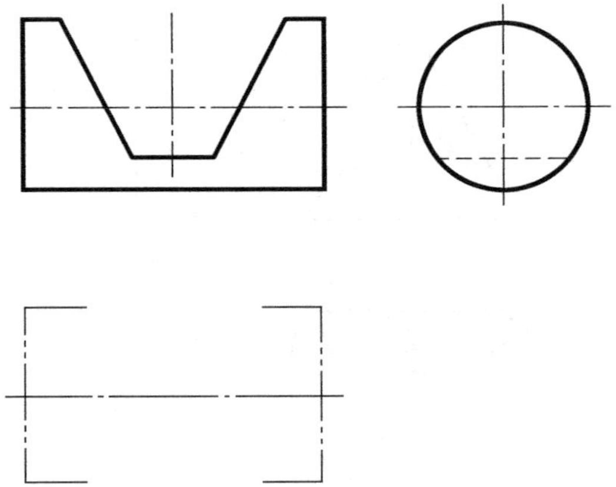

（3）

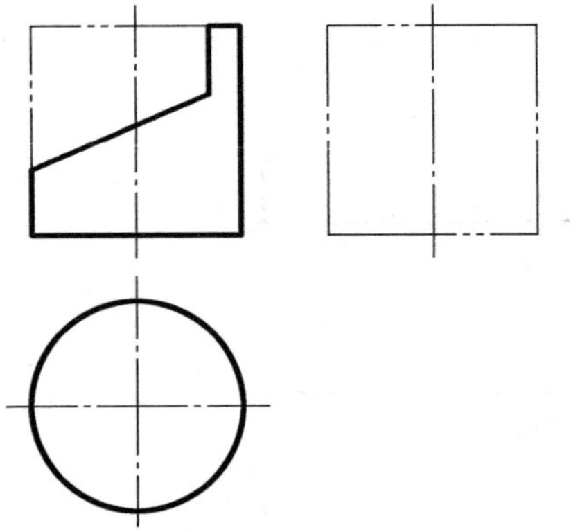

（4）

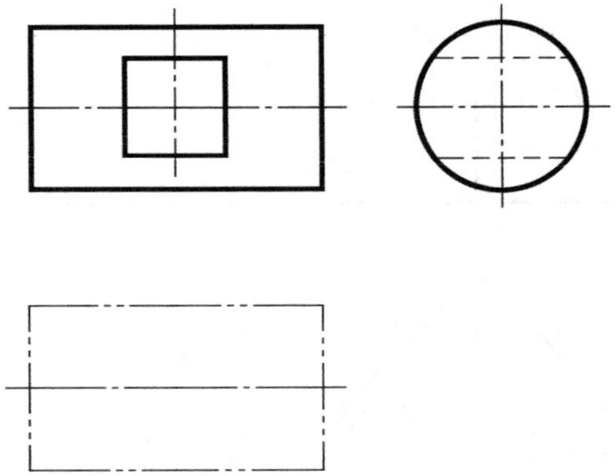

班级：　　　　　姓名：　　　　　学号：

2.6.4 完成圆锥体被截切后的三视图

(1)

(2)

(3)

(4)

2.6.5 完成球体被截切后的三视图

(1)

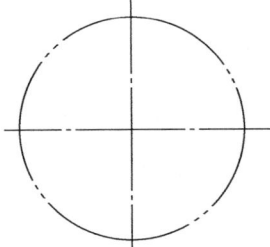

(2)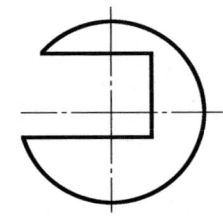

(3)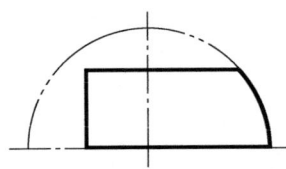

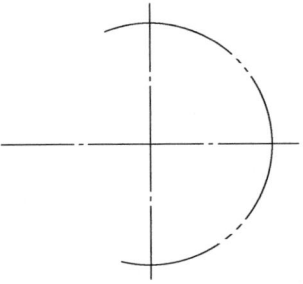

(4)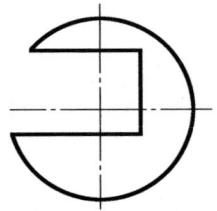

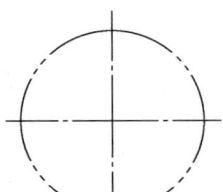

2.7 轴测图

班级： 姓名： 学号：

2.7.1 在指定位置，按尺寸数值完成棱柱体或被截切后的棱柱体正等轴测图的绘制

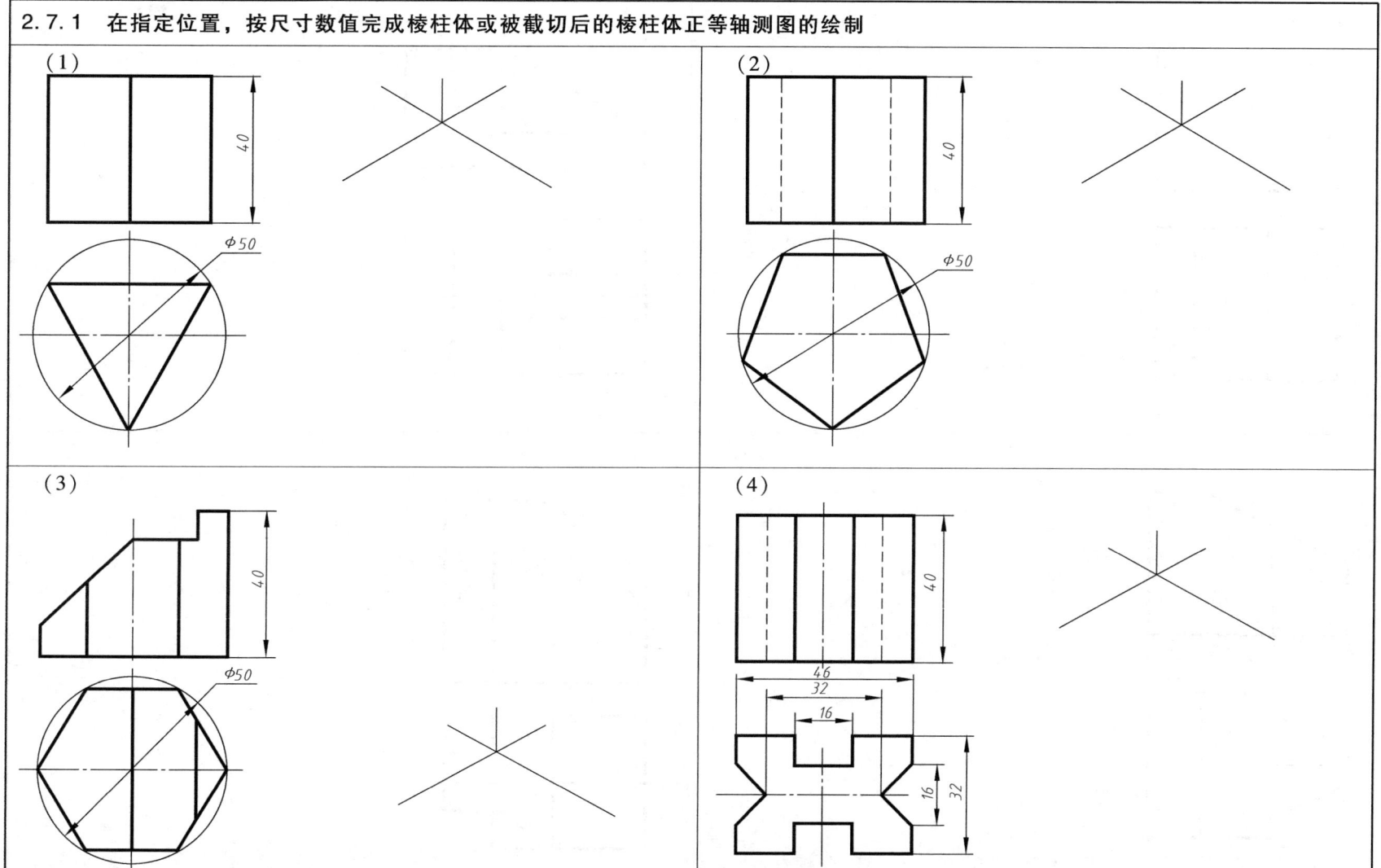

班级：　　　　　姓名：　　　　　学号：

2.7.2 在下面空白处，完成平面立体正等轴测图的绘制

(1)

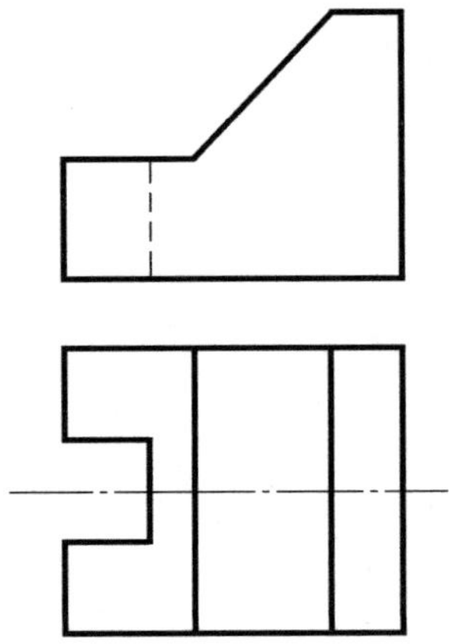

(2)

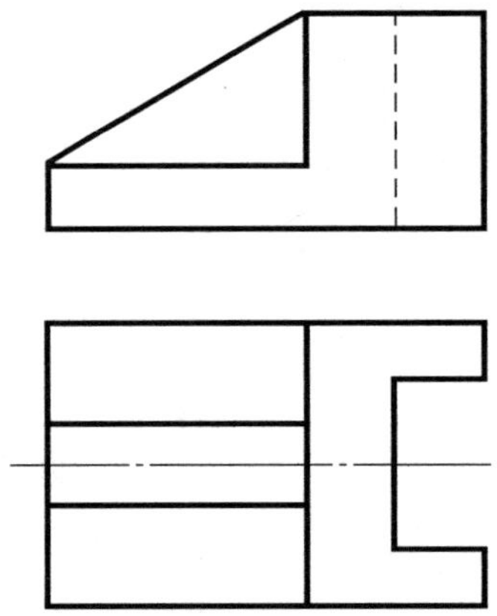

(3)

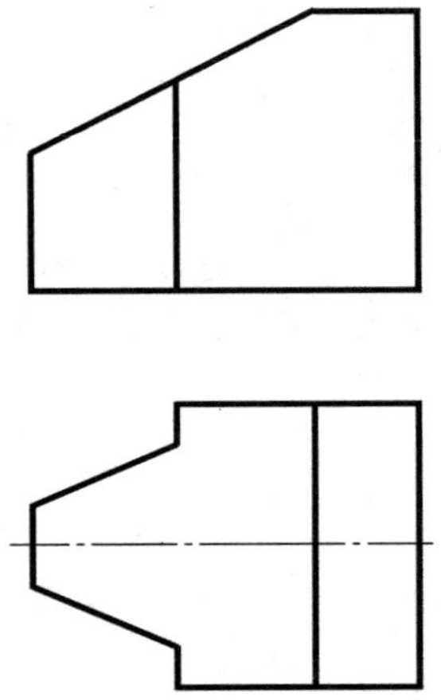

(4)

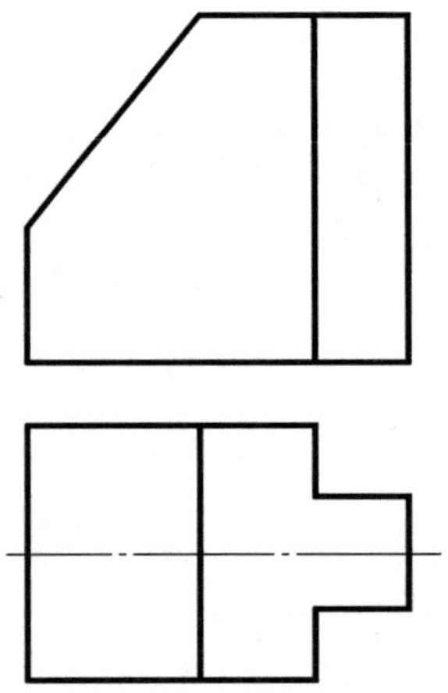

2.7.3 根据视图，绘制回转体的正等轴测图

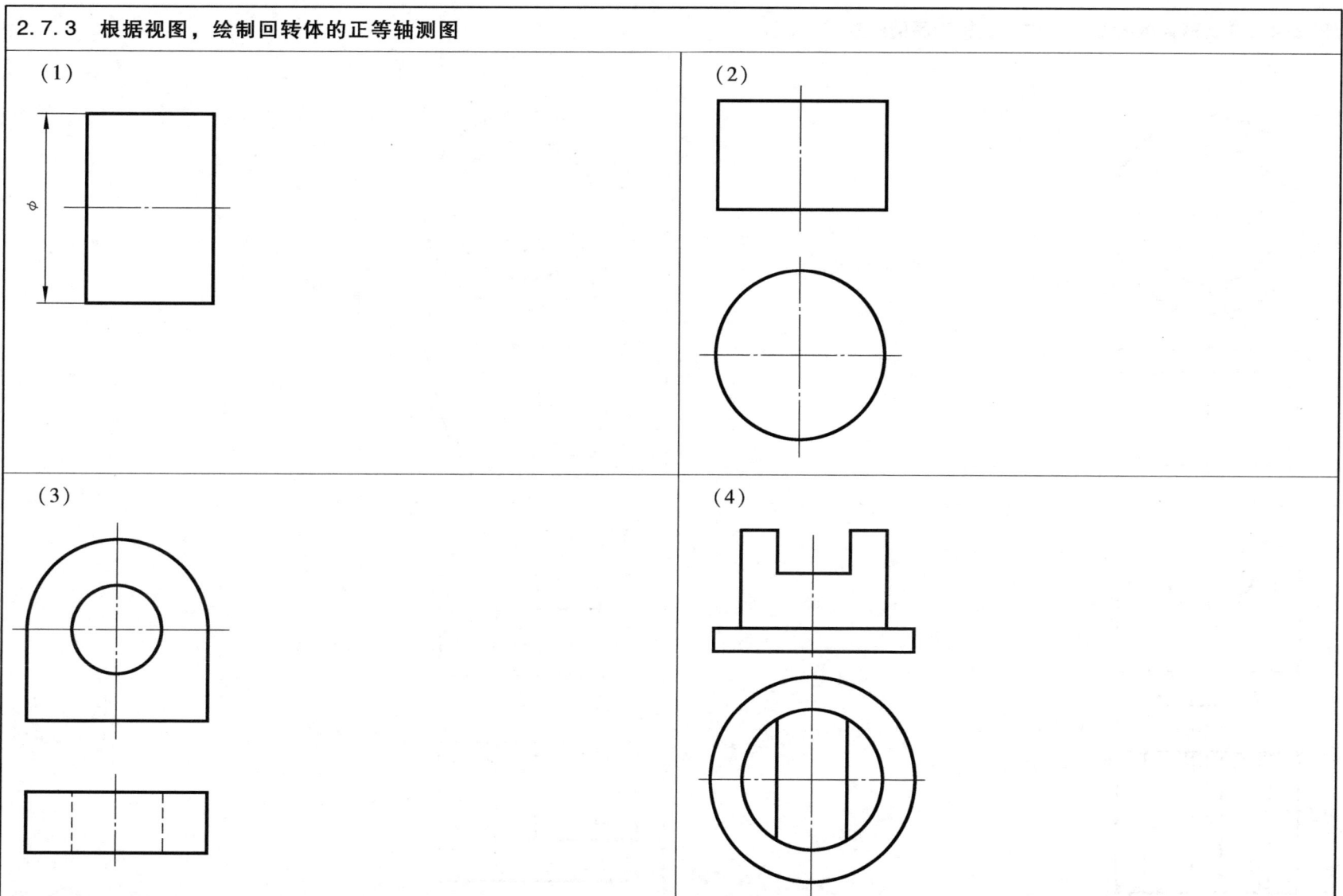

2.7.4 分析形体的投影，完成斜二轴测图的绘制

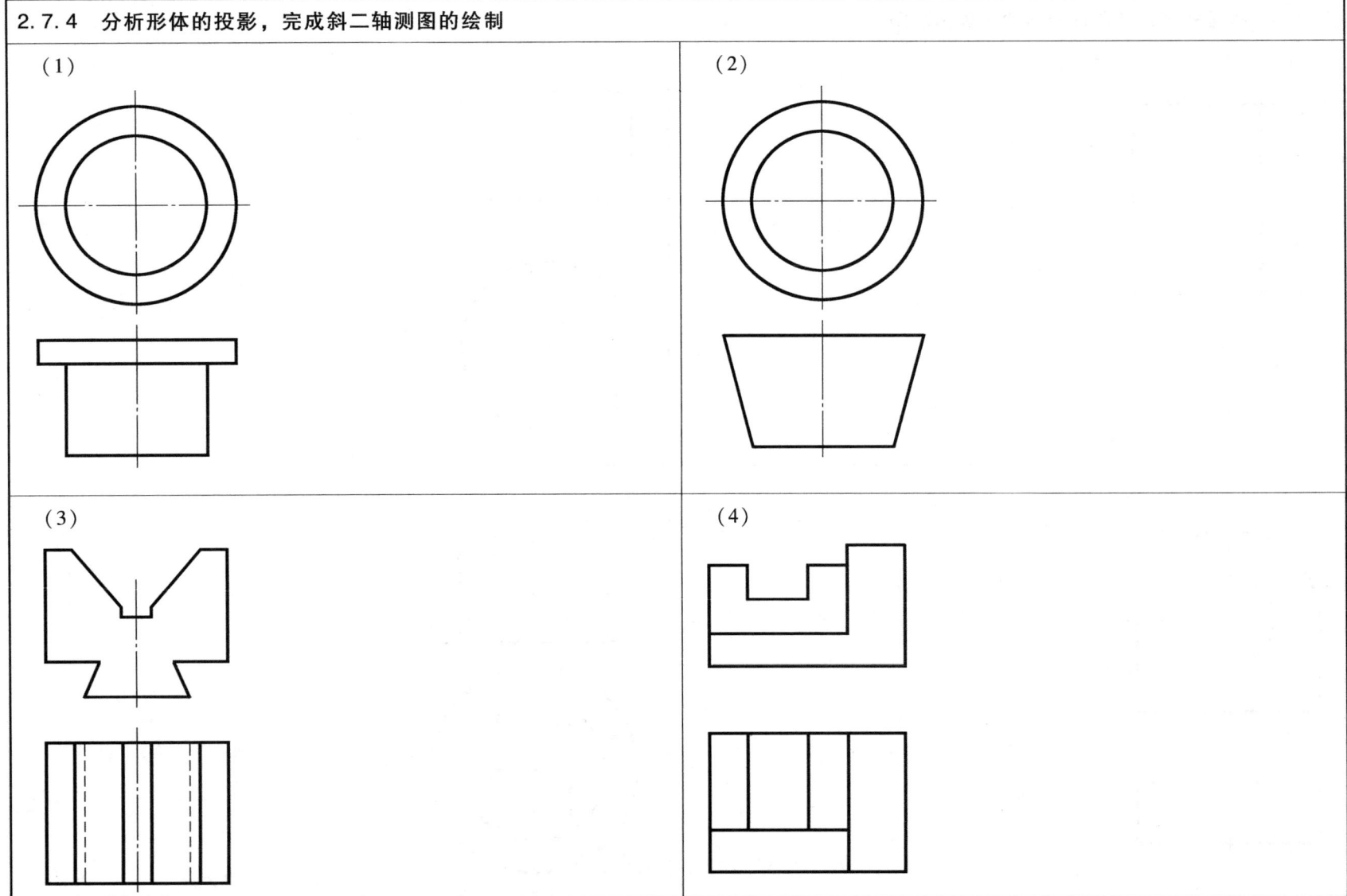

第 3 章 组 合 体

3.1 组合体的组合形式   班级：   姓名：   学号：

分析已知投影，补画视图中的漏线

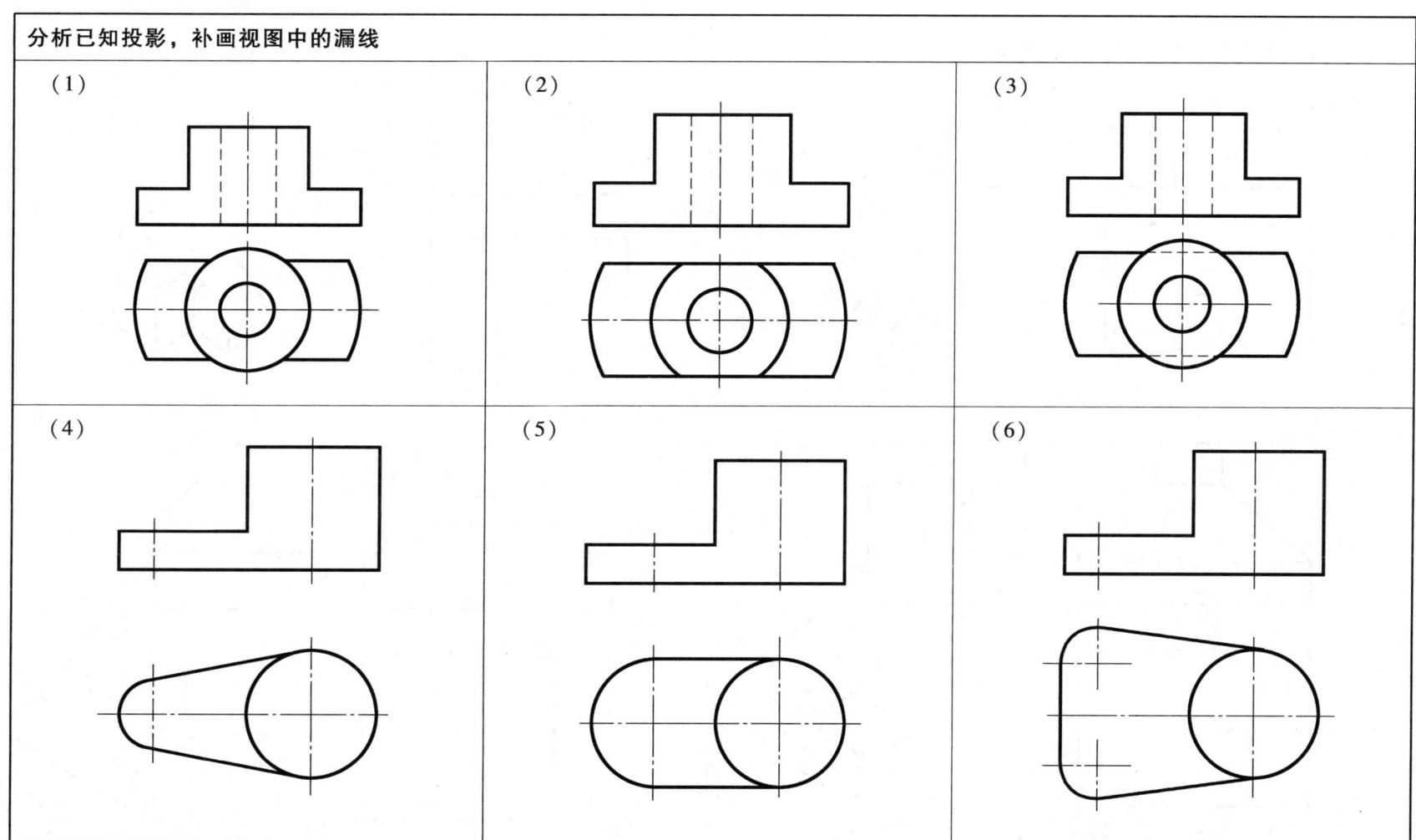

3.2 截交线　　　　　　　　　　　　　班级：　　　姓名：　　　学号：

根据轴测图分析投影，补画三视图中的漏线

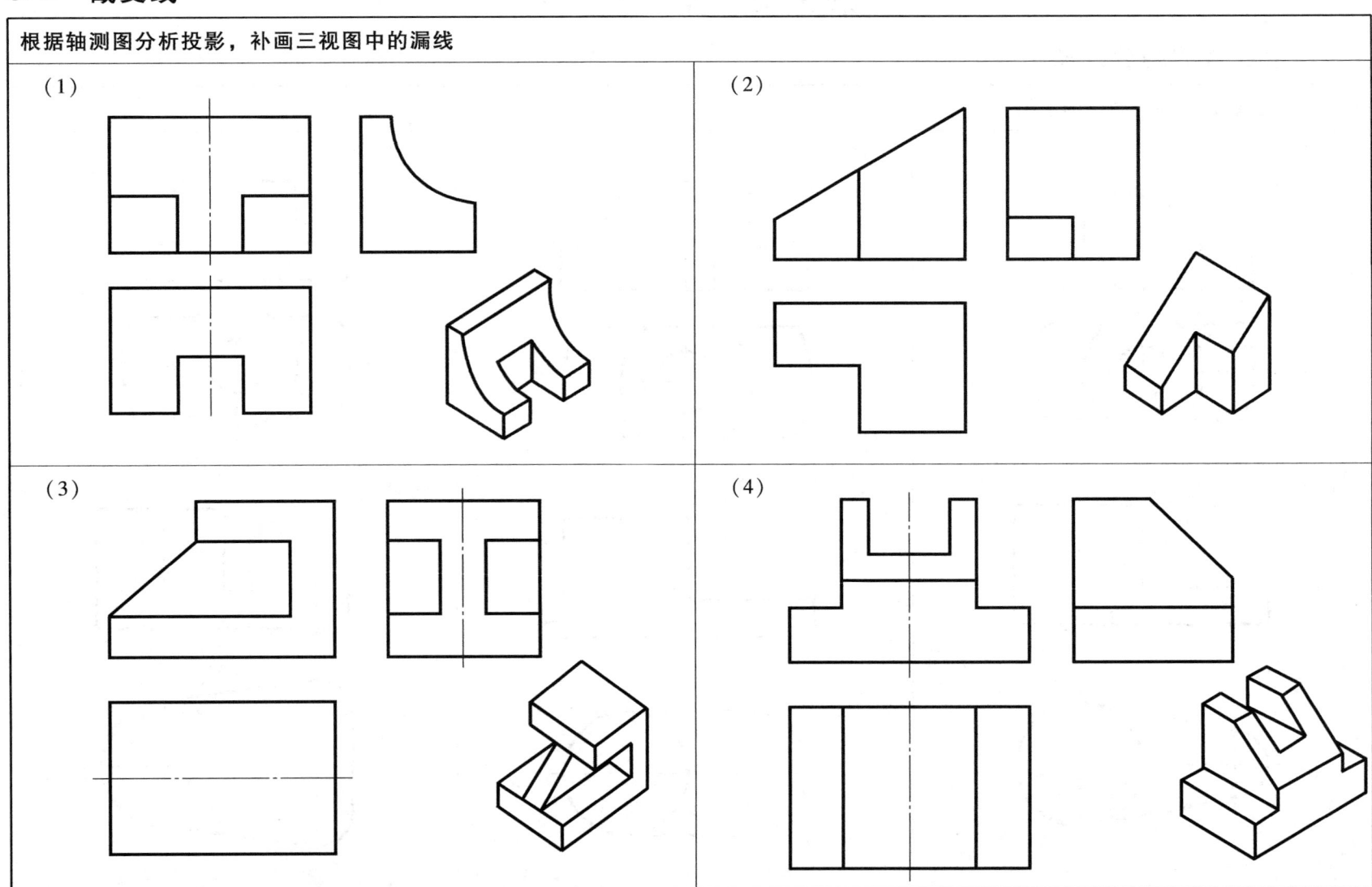

3.3 相贯线

班级：　　　姓名：　　　学号：

3.3.1 分析已知投影，补画视图中的漏线（1）

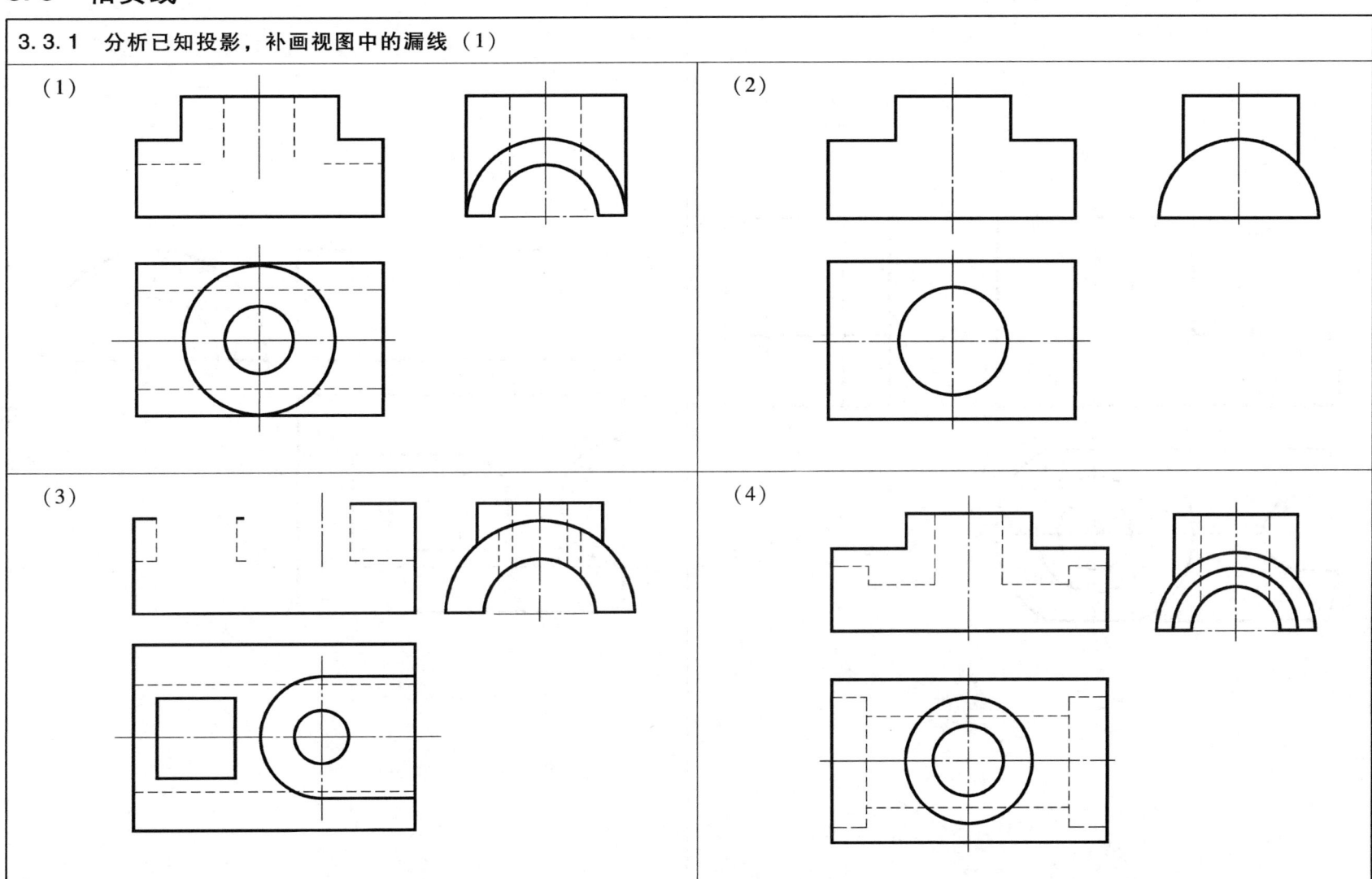

3.3.2 分析已知投影，补画视图中的漏线（2）

(1)

(2)

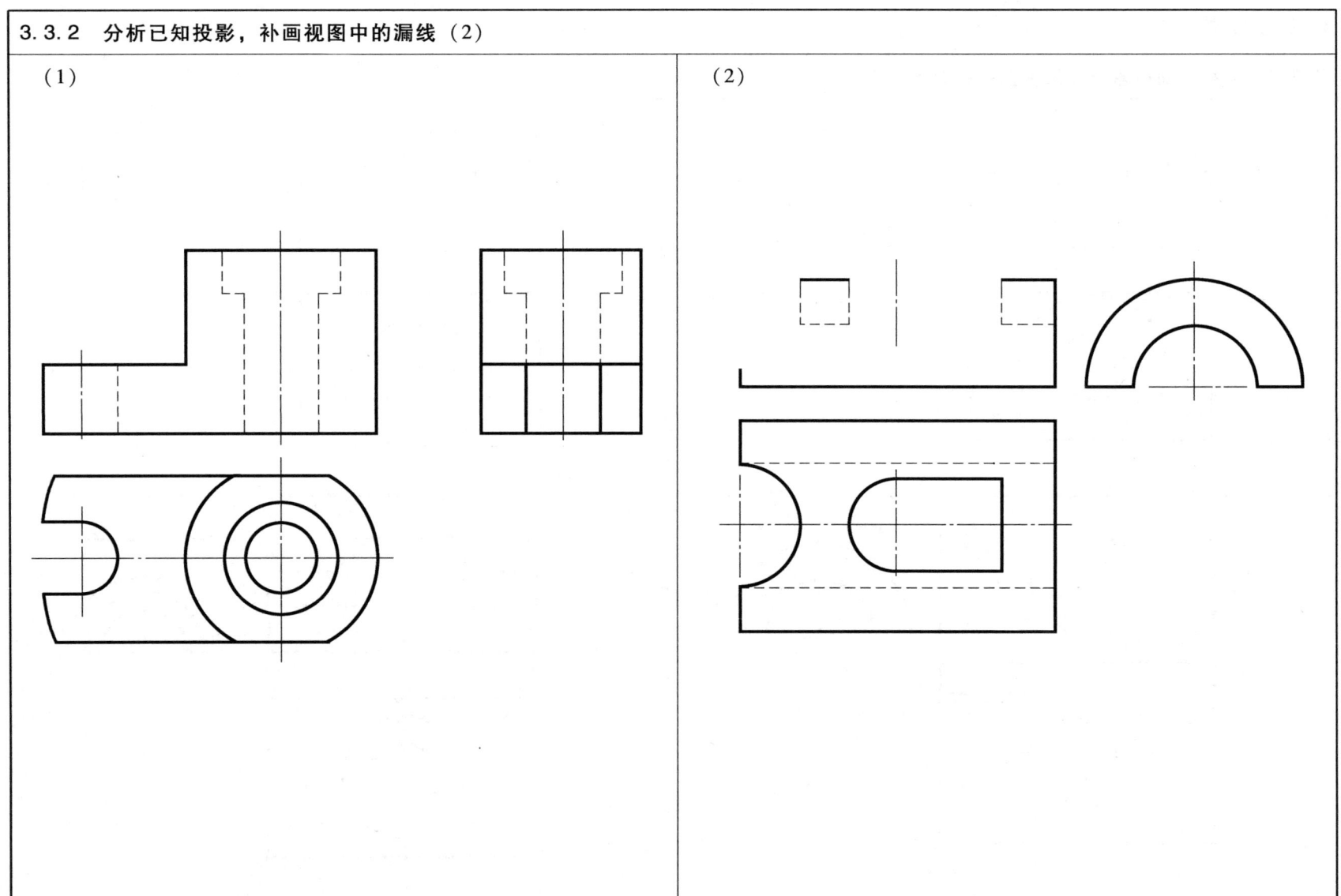

3.4 组合体三视图的画法

班级： 姓名： 学号：

分析已知投影，补画第三视图

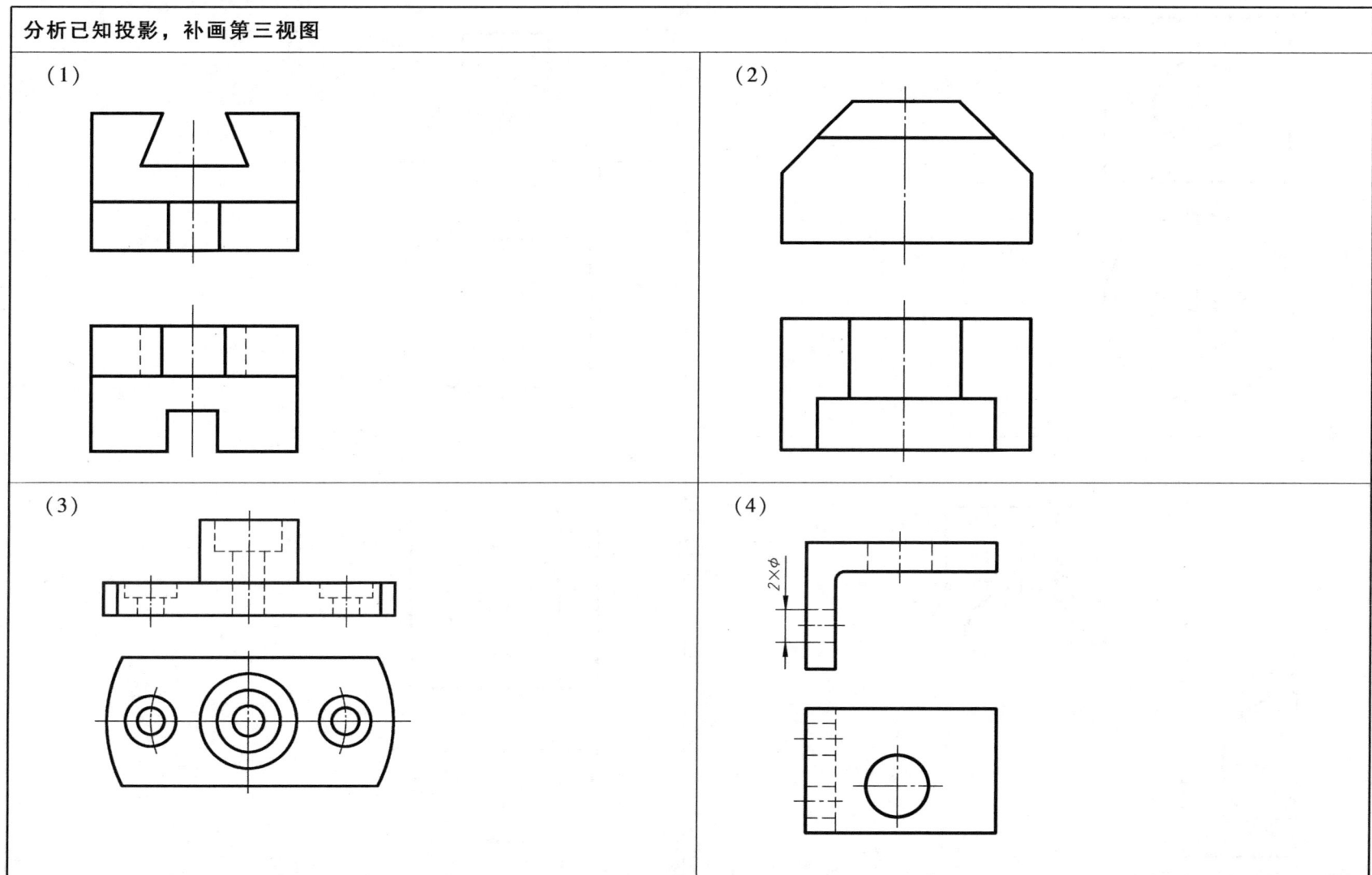

(1) (2) (3) (4)

班级： 姓名： 学号：

(5)
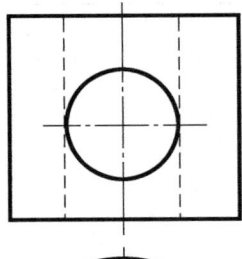

(6)
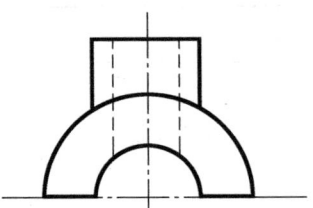
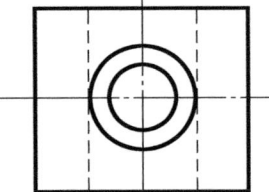

(7)
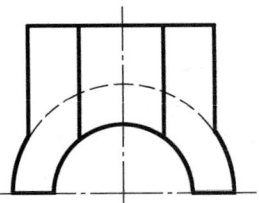
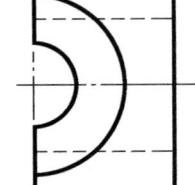

(8)
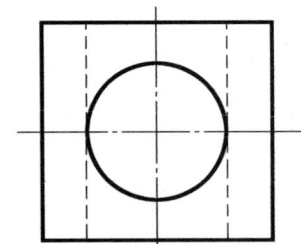
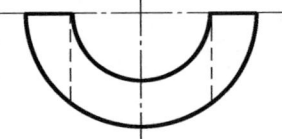

班级： 姓名： 学号：

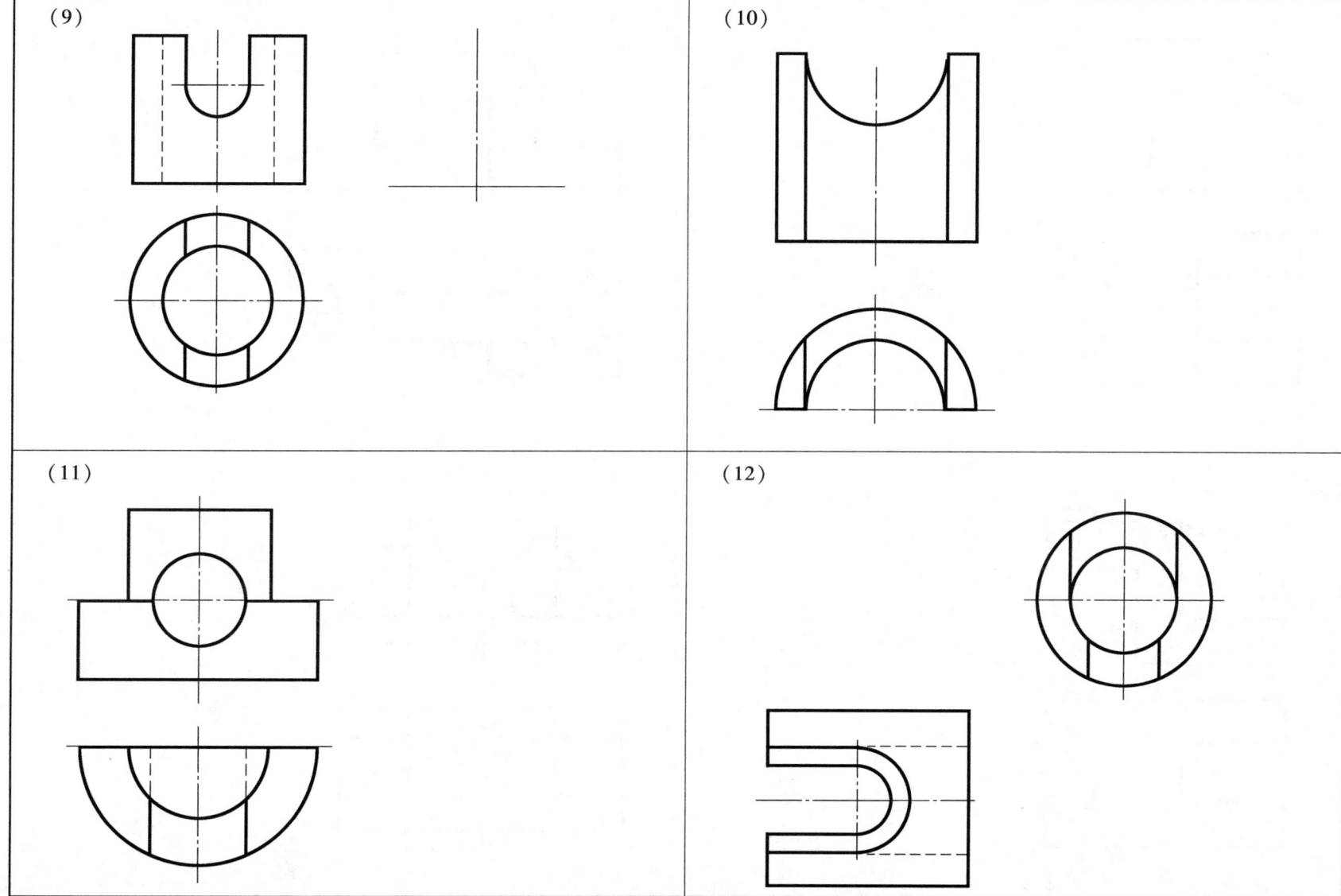

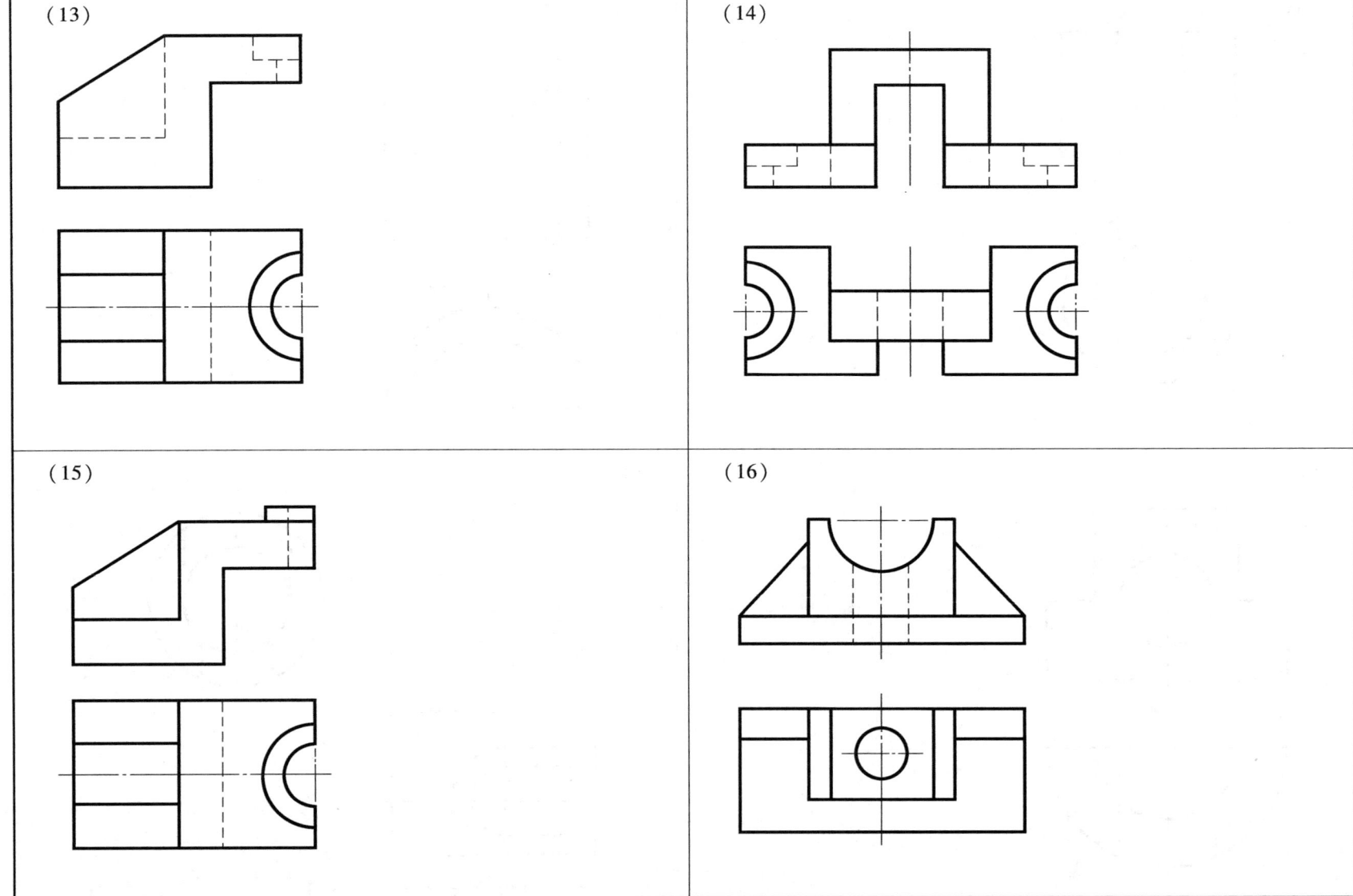

3.5 组合体的读图方法

班级： 姓名： 学号：

分析投影，正确的在括号内打"√"，错误的打"×"

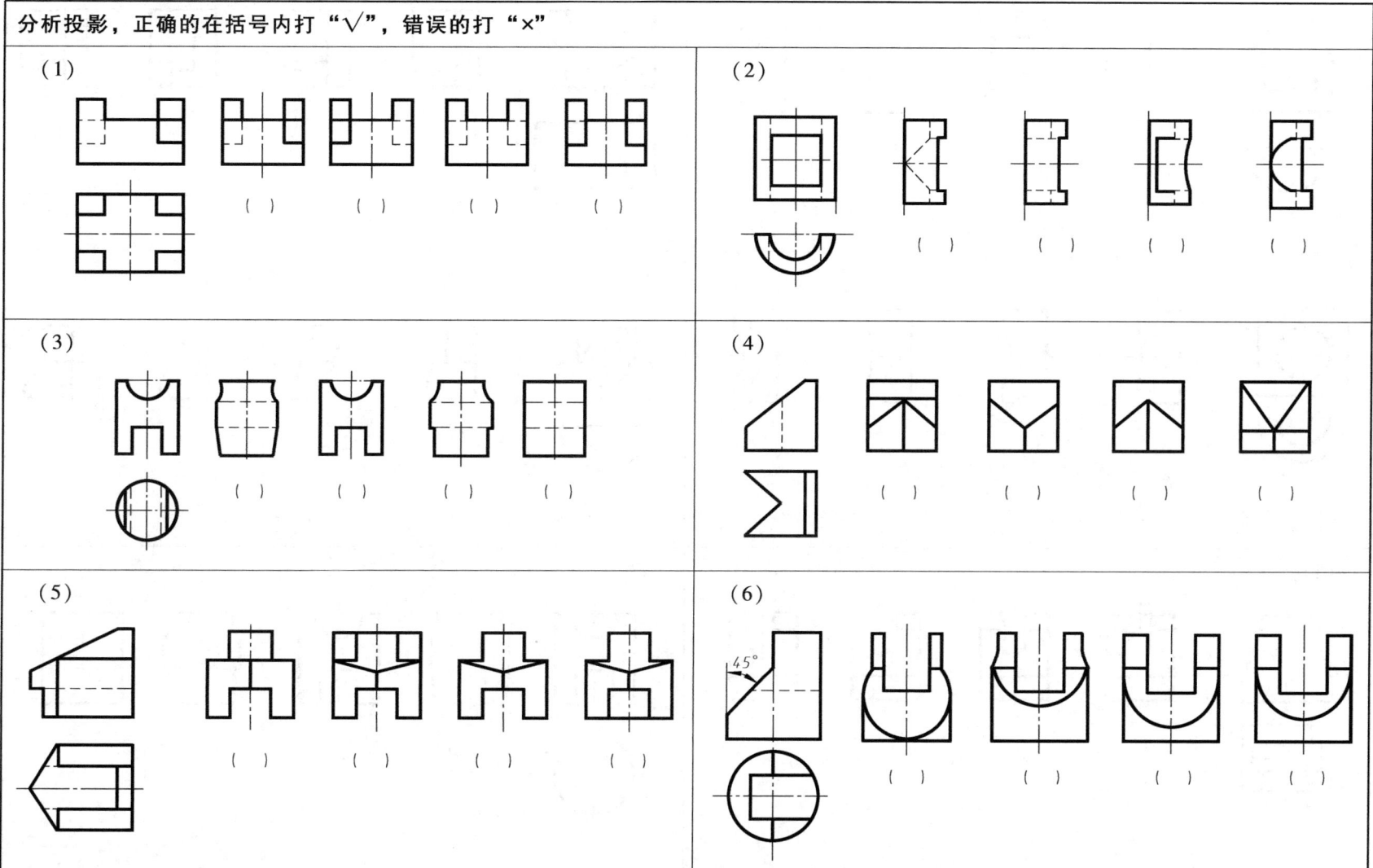

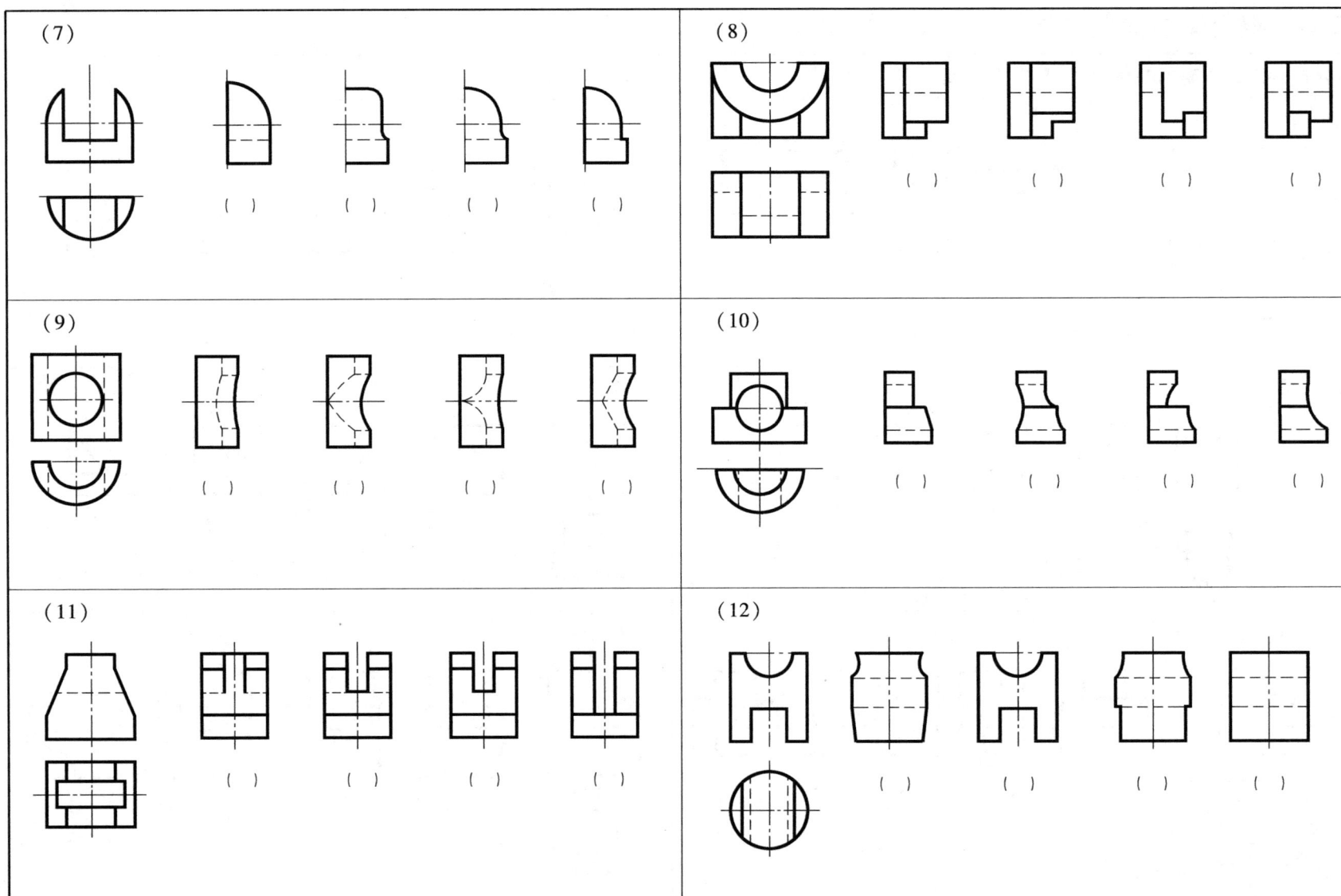

3.6 组合体的尺寸标注

班级：　　　　　姓名：　　　　　学号：

3.6.1 分析图中错误的尺寸标注，完成正确尺寸标注

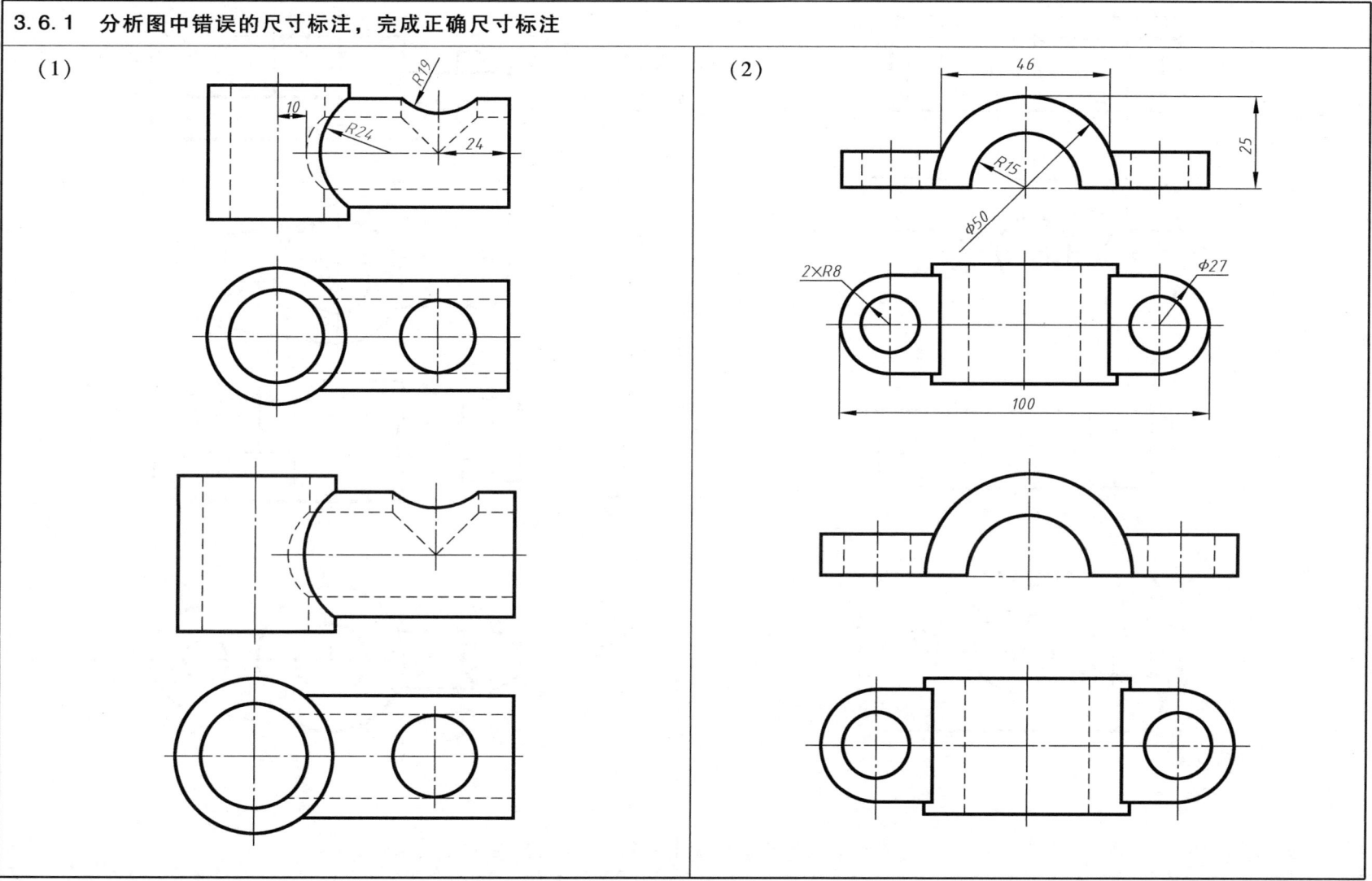

(3)

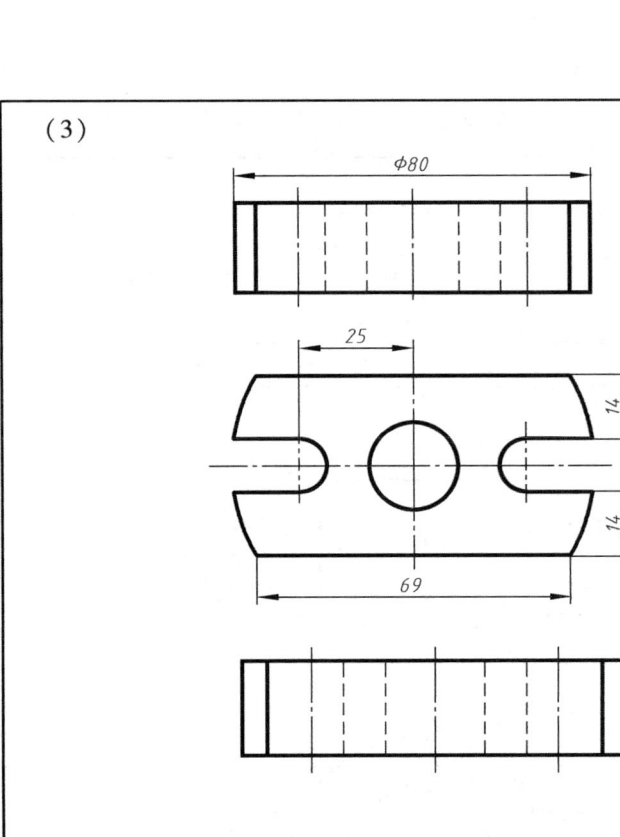

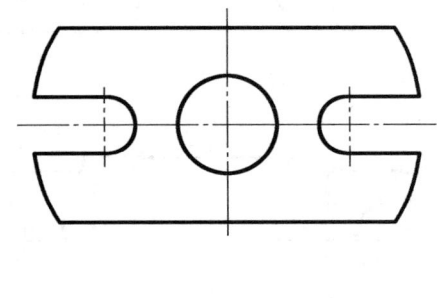

(4)

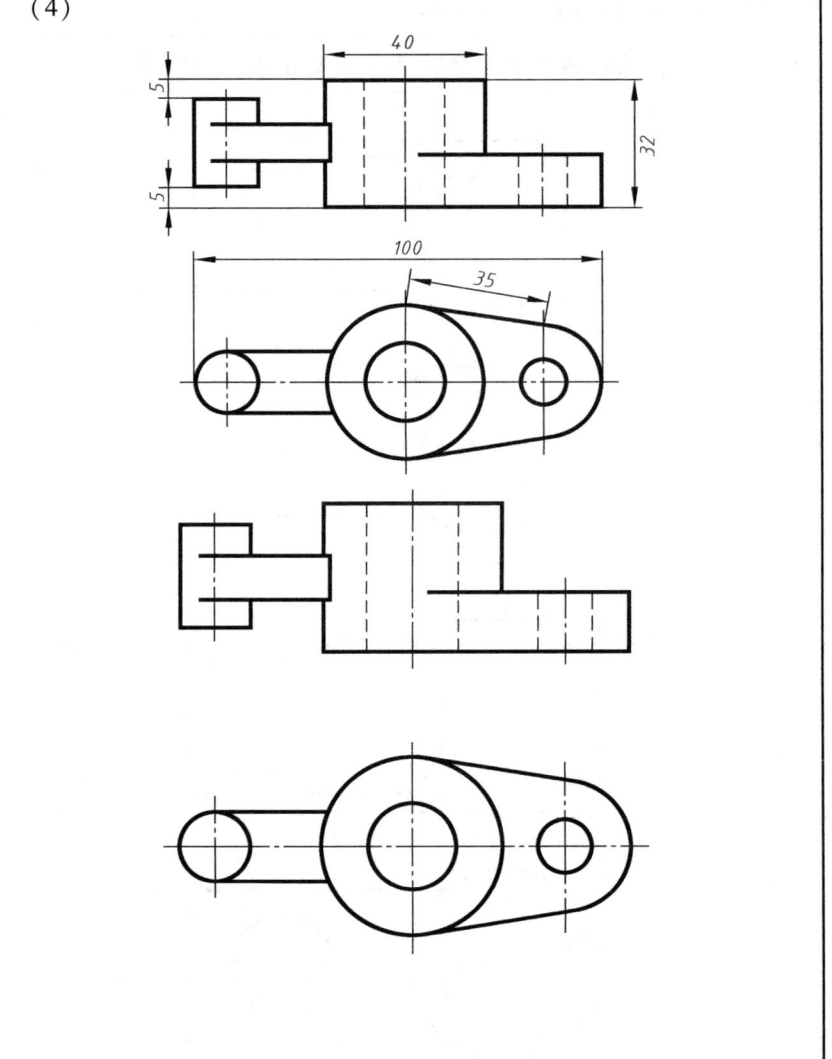

3.6.2 根据投影分析形体，完成形体的标注尺寸（数值从图中量取，取整数）

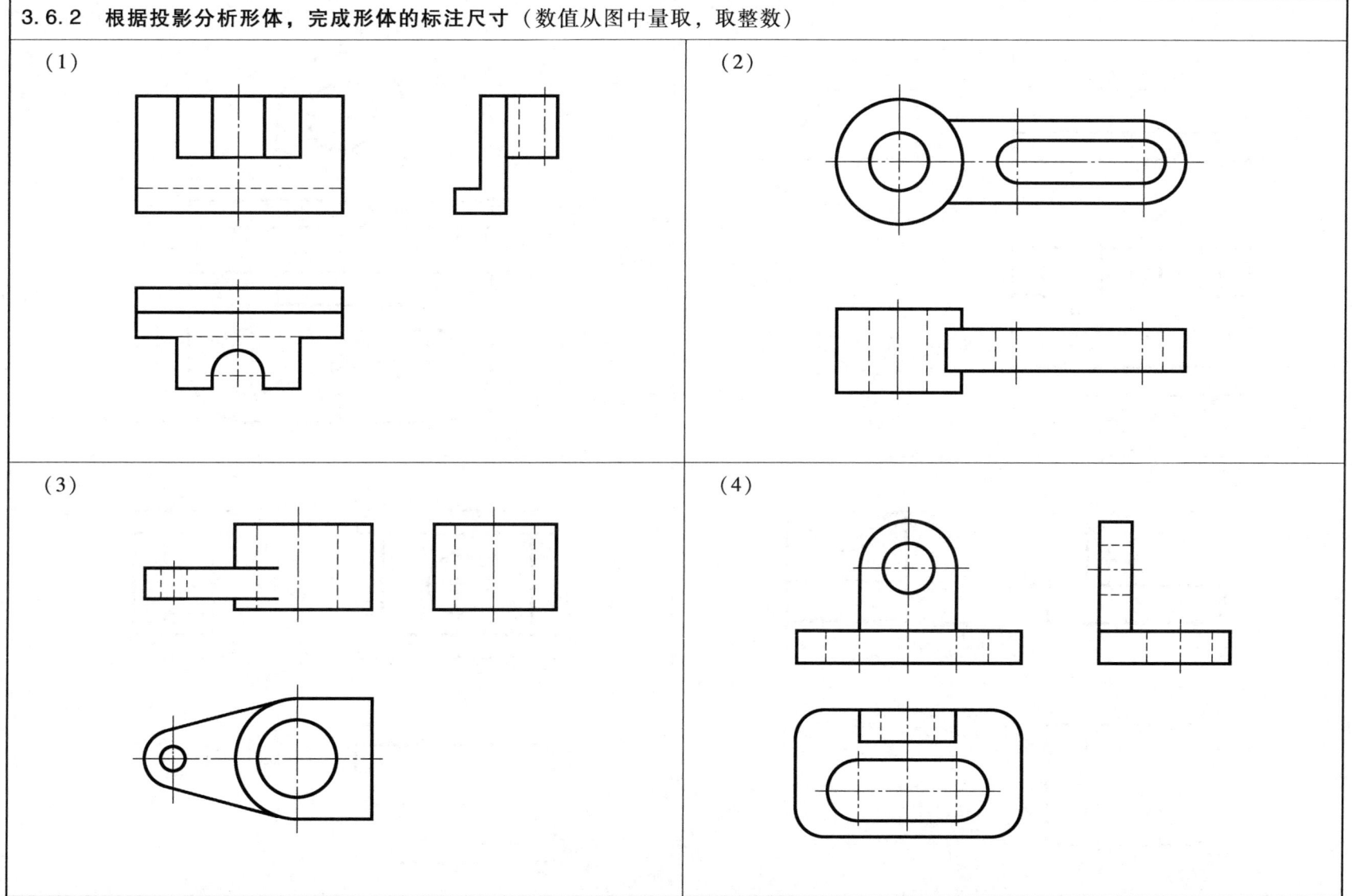

班级： 姓名： 学号：

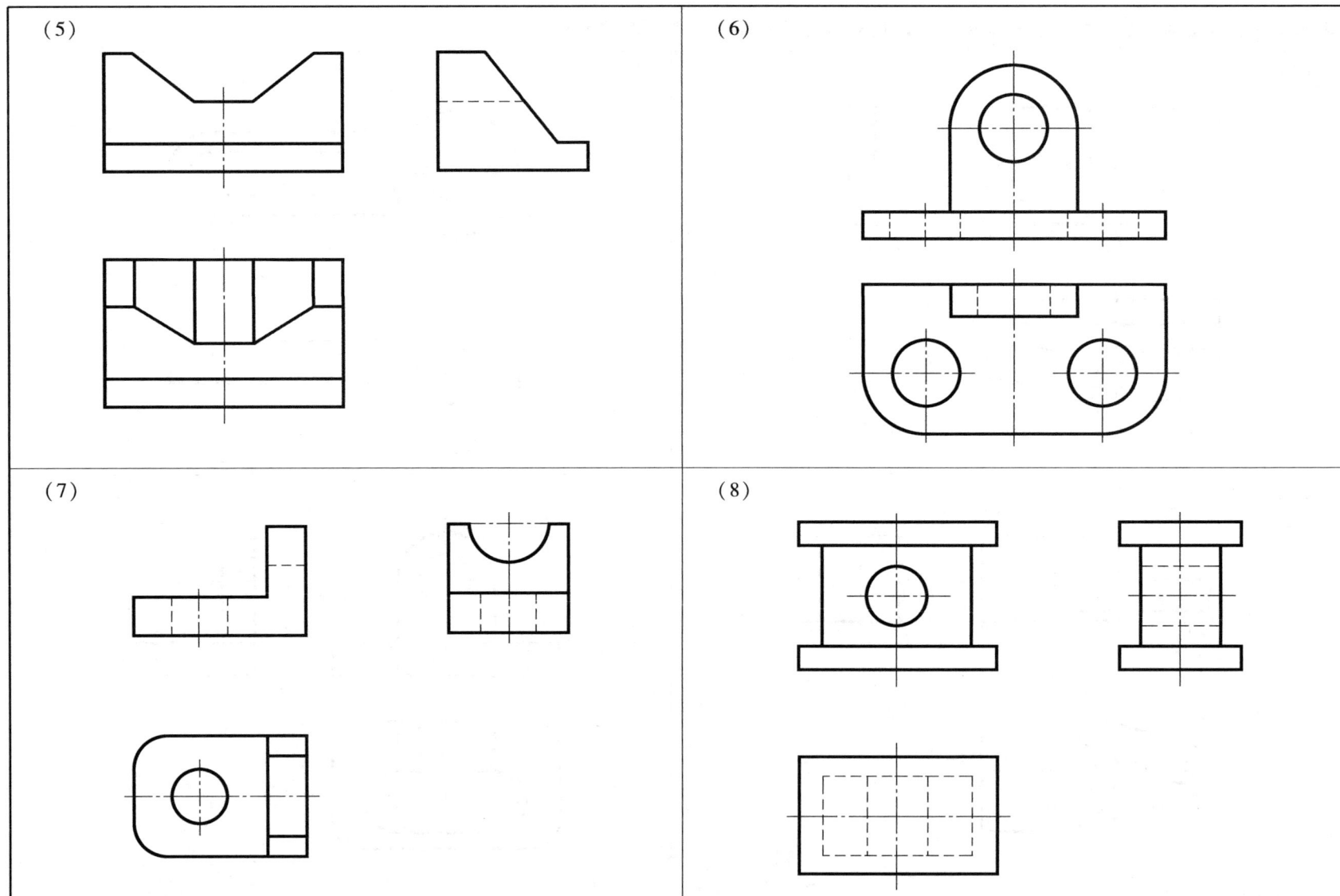

班级：　　　　　姓名：　　　　　学号：

3.6.3　补画第三视图，并标注尺寸（数值从图中量取，取整数）

(1)

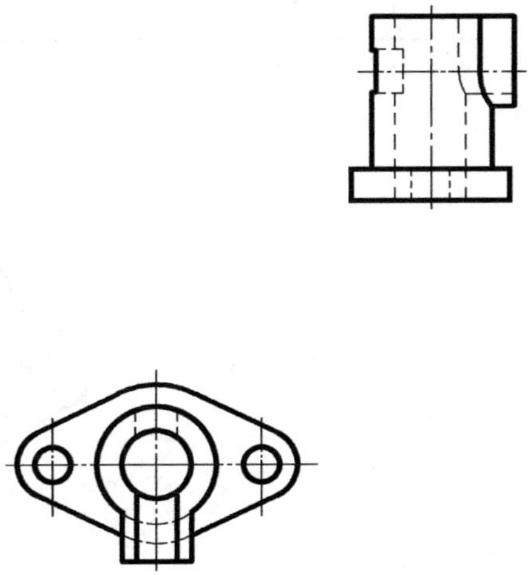

(2)

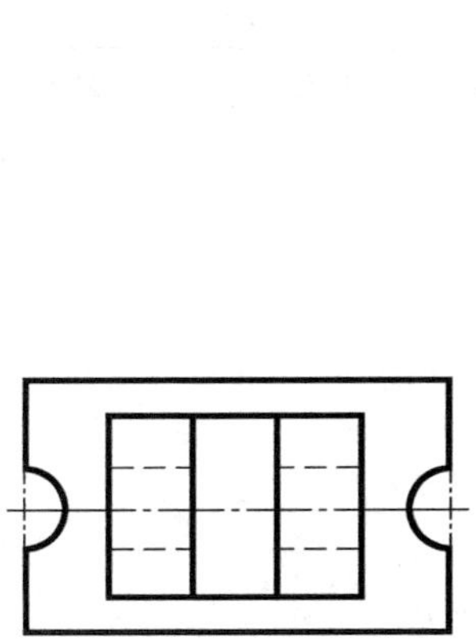

(3)

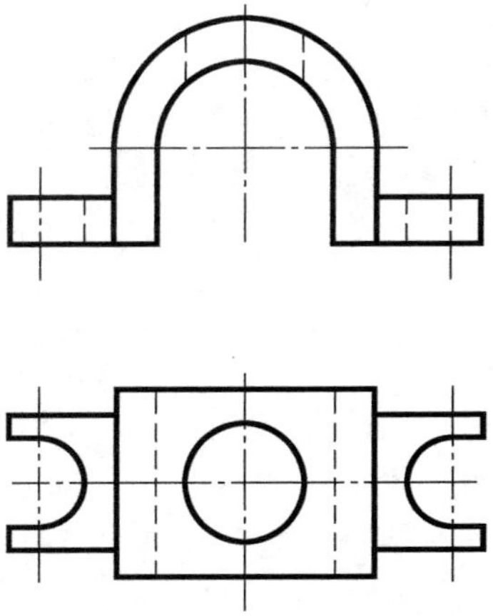

(4)

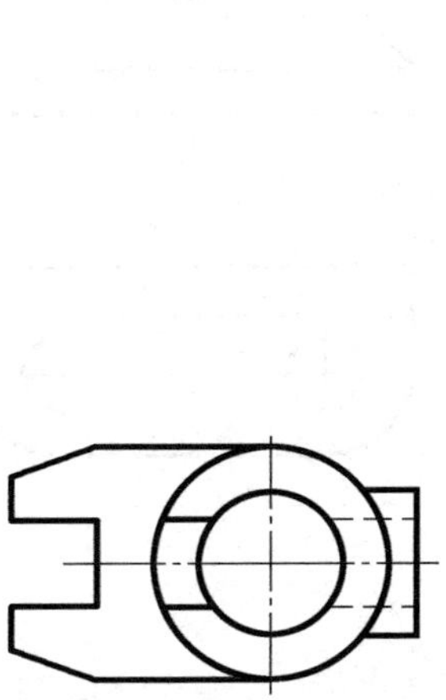

· 43 ·

第4章　图样常用的表达方法

4.1　视图

班级：　　　　姓名：　　　　学号：

4.1.1　根据主、俯、左三视图，补画右、后、仰视图

4.1.2 根据已知视图，补画 A 向斜视图

(1)

(2)

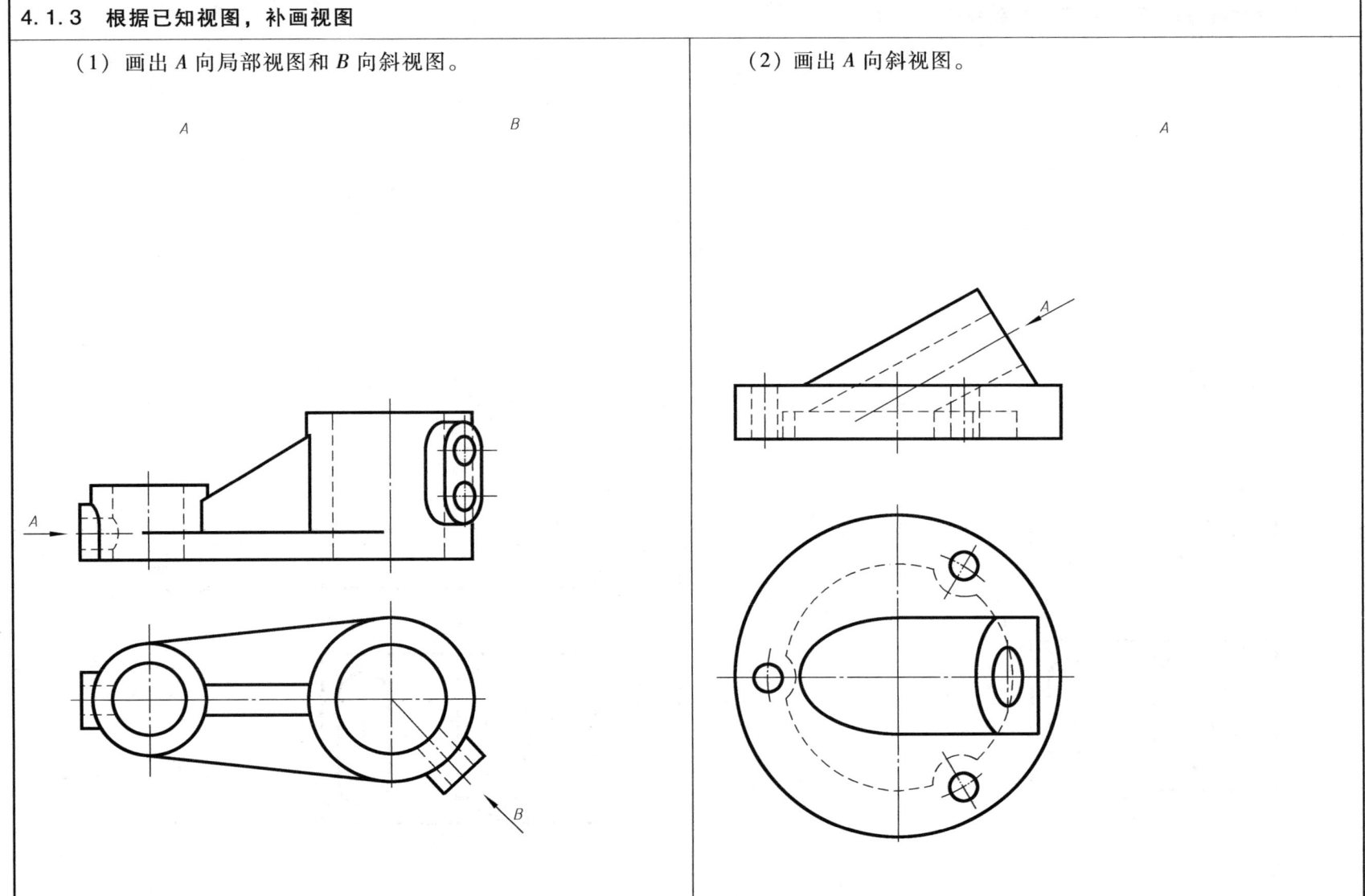

4.1.4 根据轴测图及图中的尺寸，作 A 向局部视图与 B 向斜视图

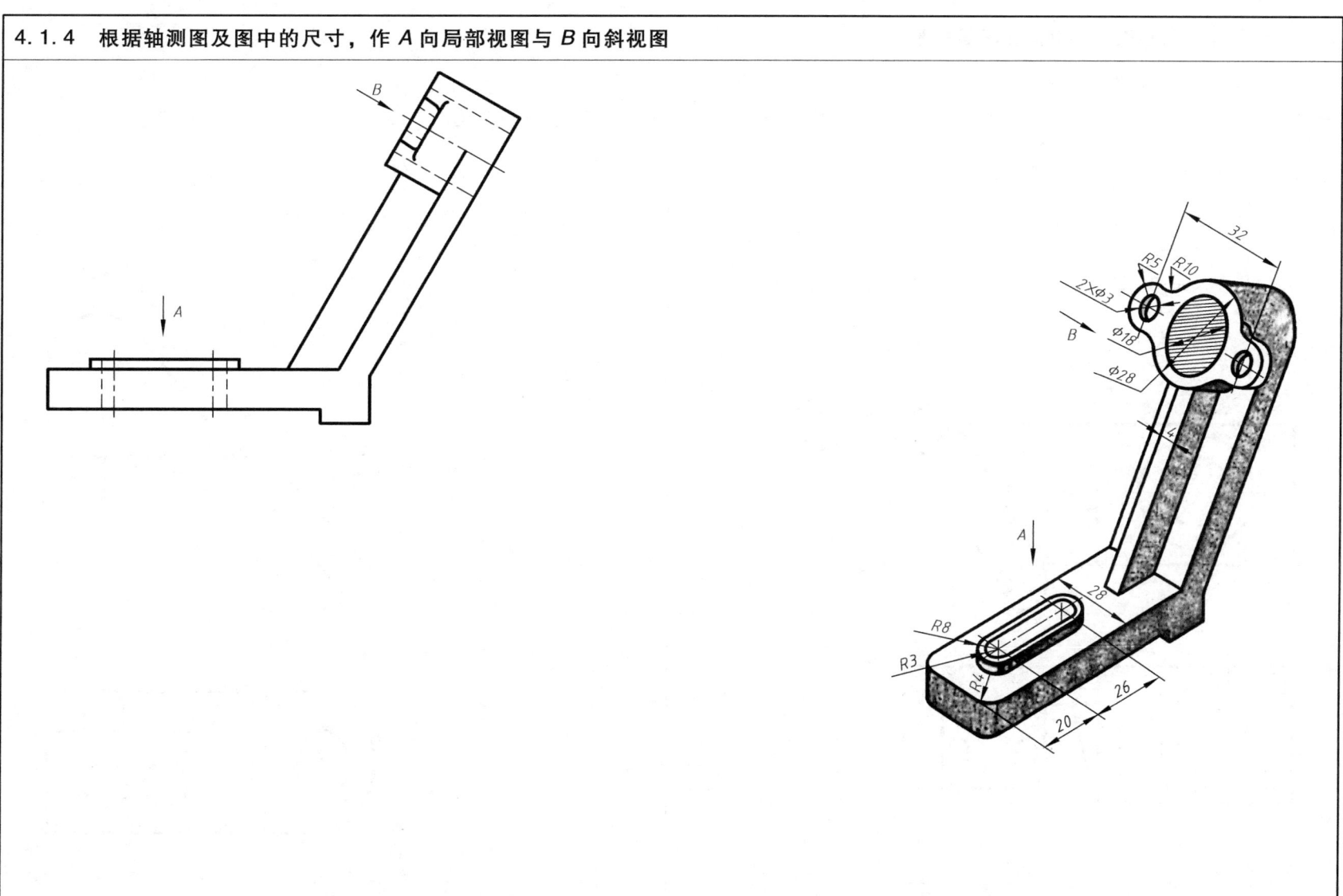

4.1.5 根据所给视图，按要求补画斜视图

(1)

(2)

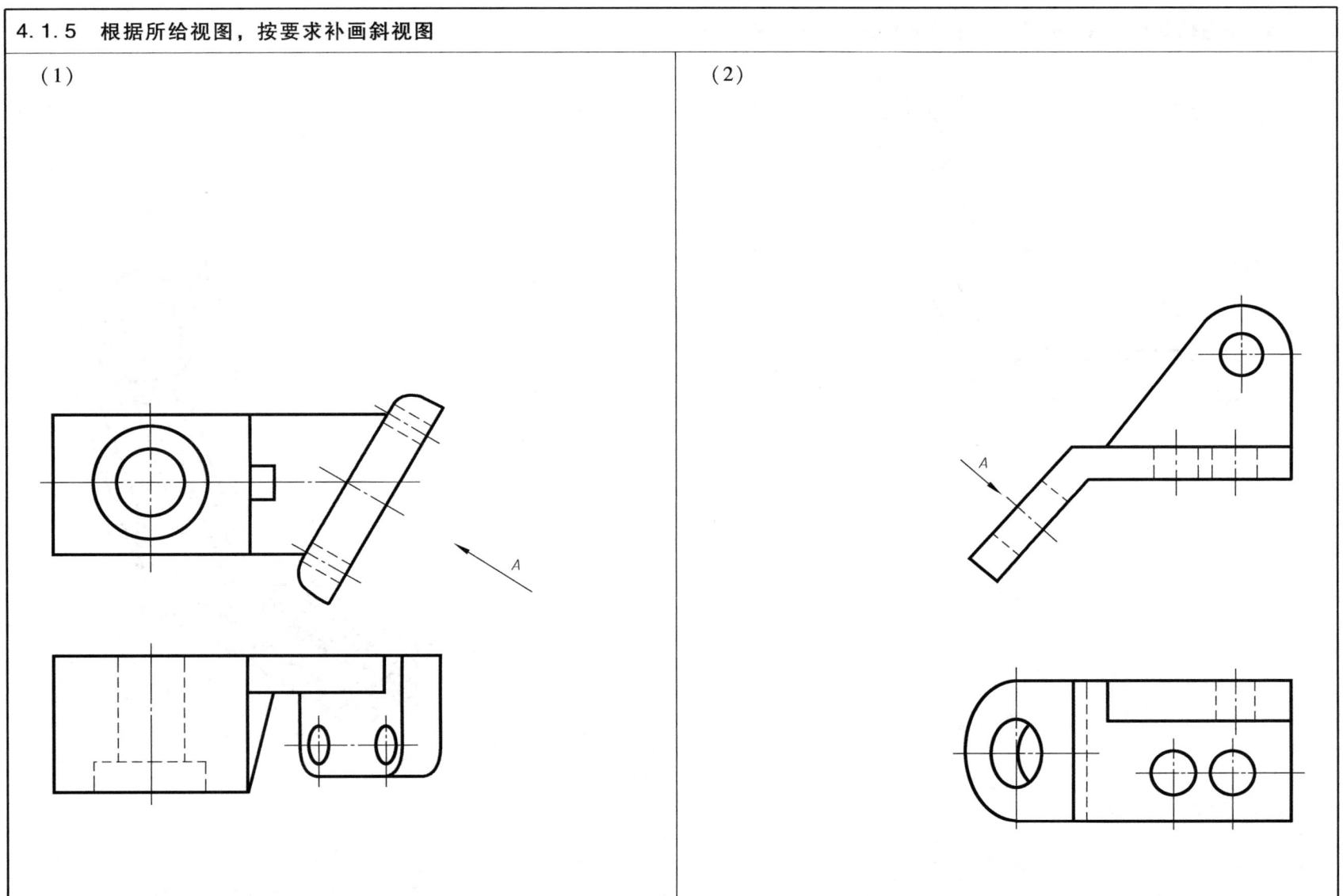

4.2 剖视图

班级： 姓名： 学号：

4.2.1 观察剖视图，补画视图中所缺的图线，去掉多余的图线（在多余图线的两端打"×"）

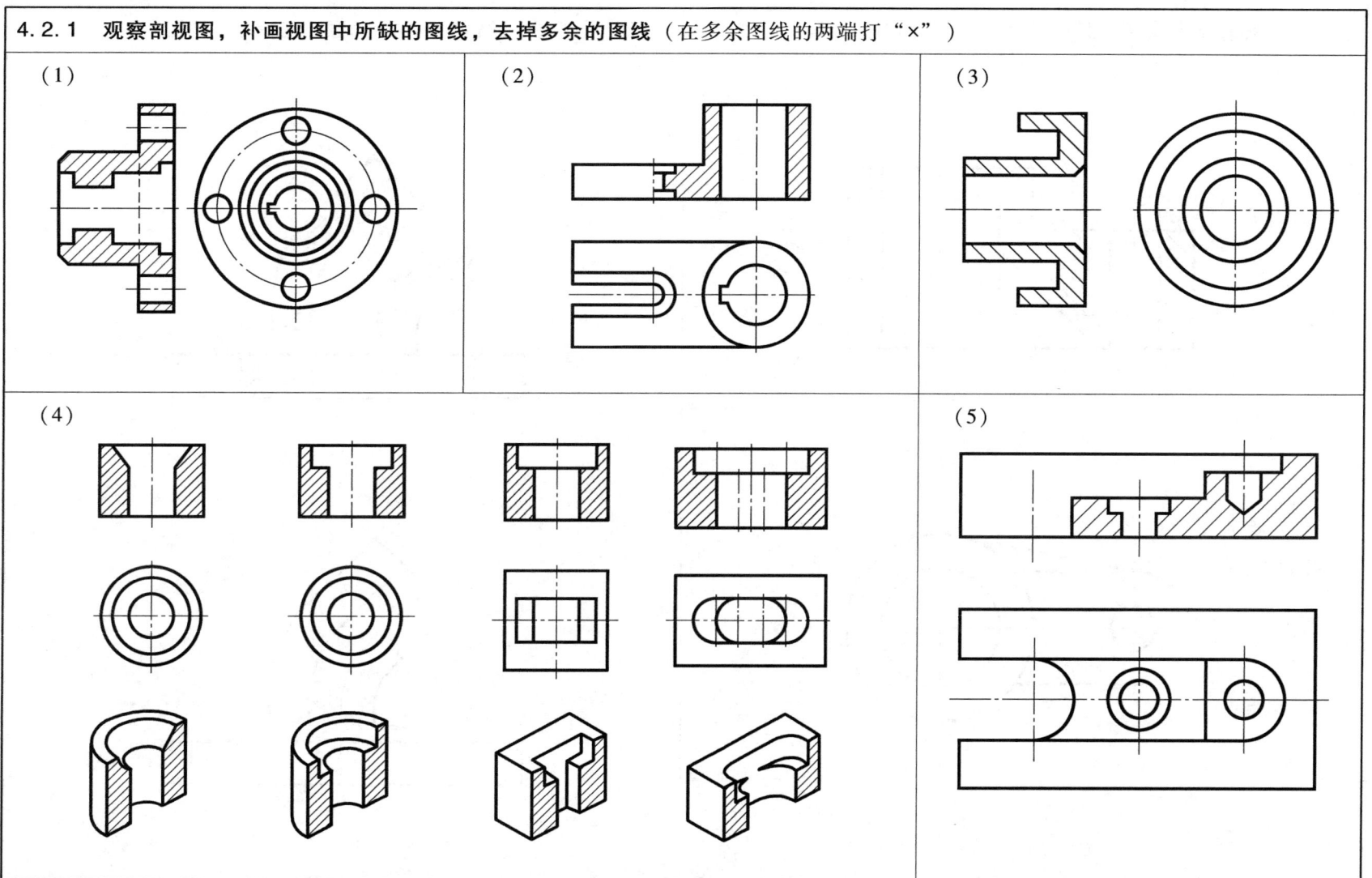

班级：　　　　　姓名：　　　　　学号：

4.2.2 剖视图改错

（1）去掉多余虚线（在两端打"×"），补画遗漏虚线。

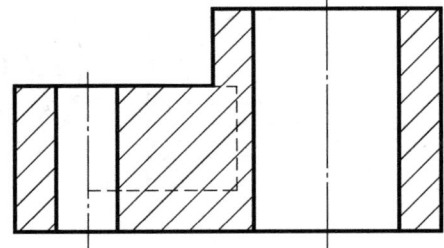

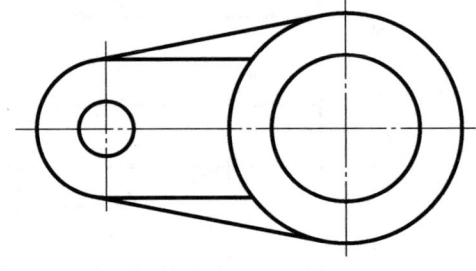

（2）分析图中的错误，在下边画出正确的剖视图。

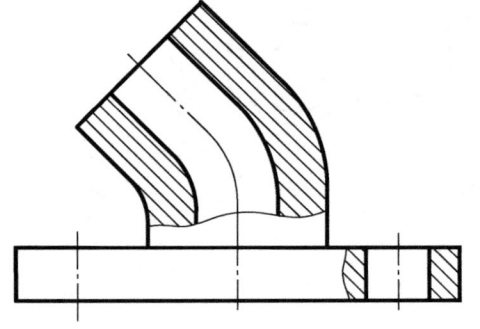

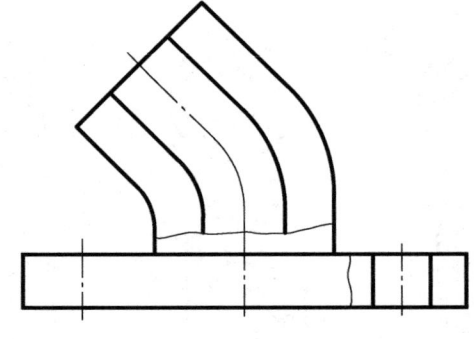

4.2.3 改正下列剖视图中的错误（不要的图线打"×"，补上缺少的图线）（1）

(1)

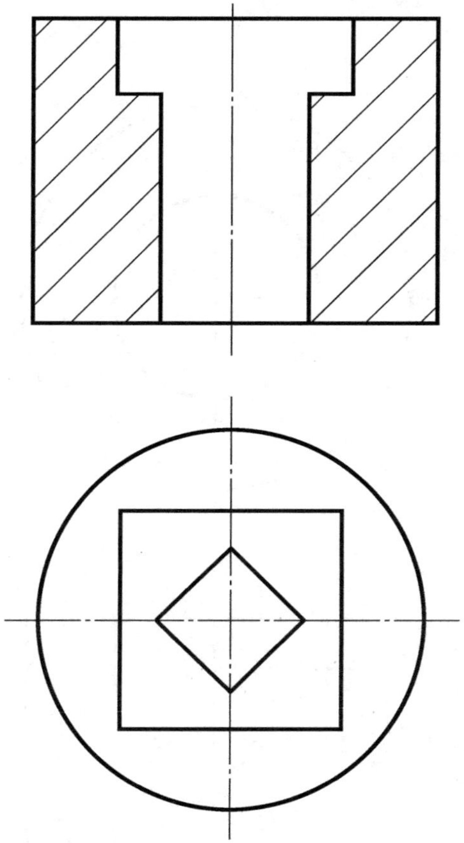

(2)

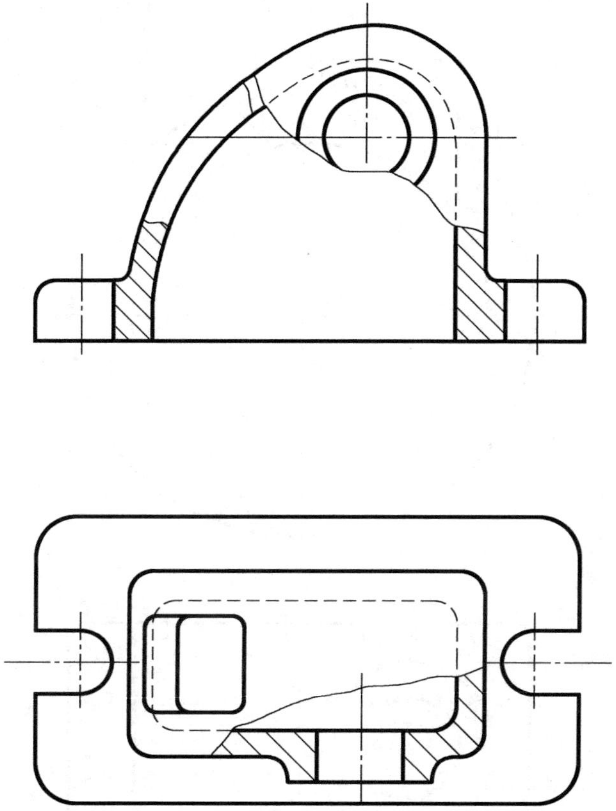

4.2.4 改正下列剖视图中的错误（不要的图线打"×"，补上缺少的图线）（2）

(1)

(2)

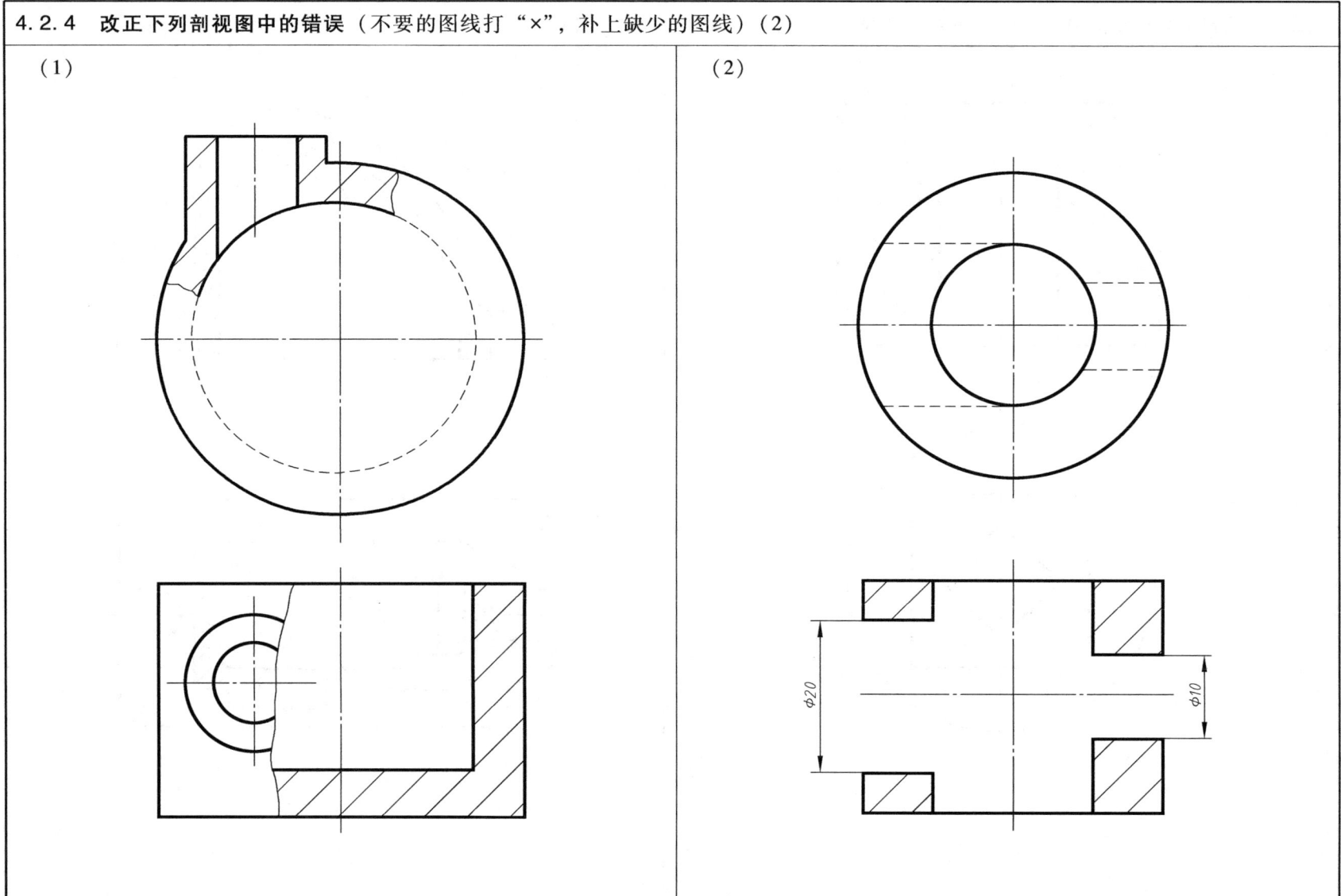

班级：　　　　　姓名：　　　　　学号：

4.2.5 根据所给的视图补画半剖的左视图

(1)

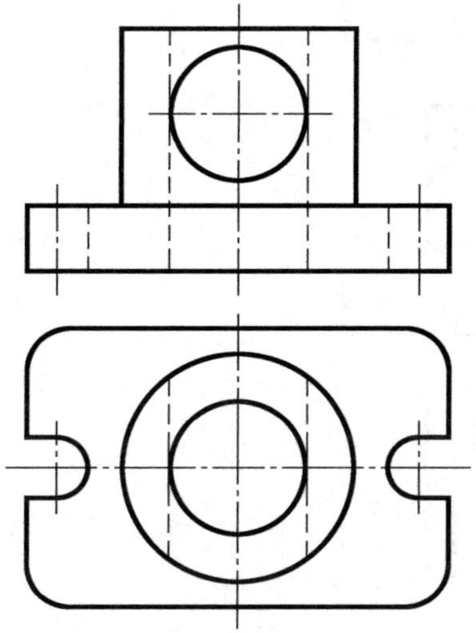

(2)

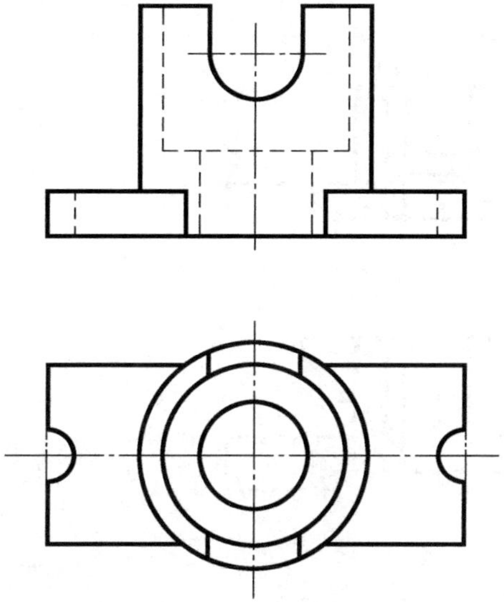

4.2.6 选择正确的主视图（在括号内打"√"）

(1)

(2)

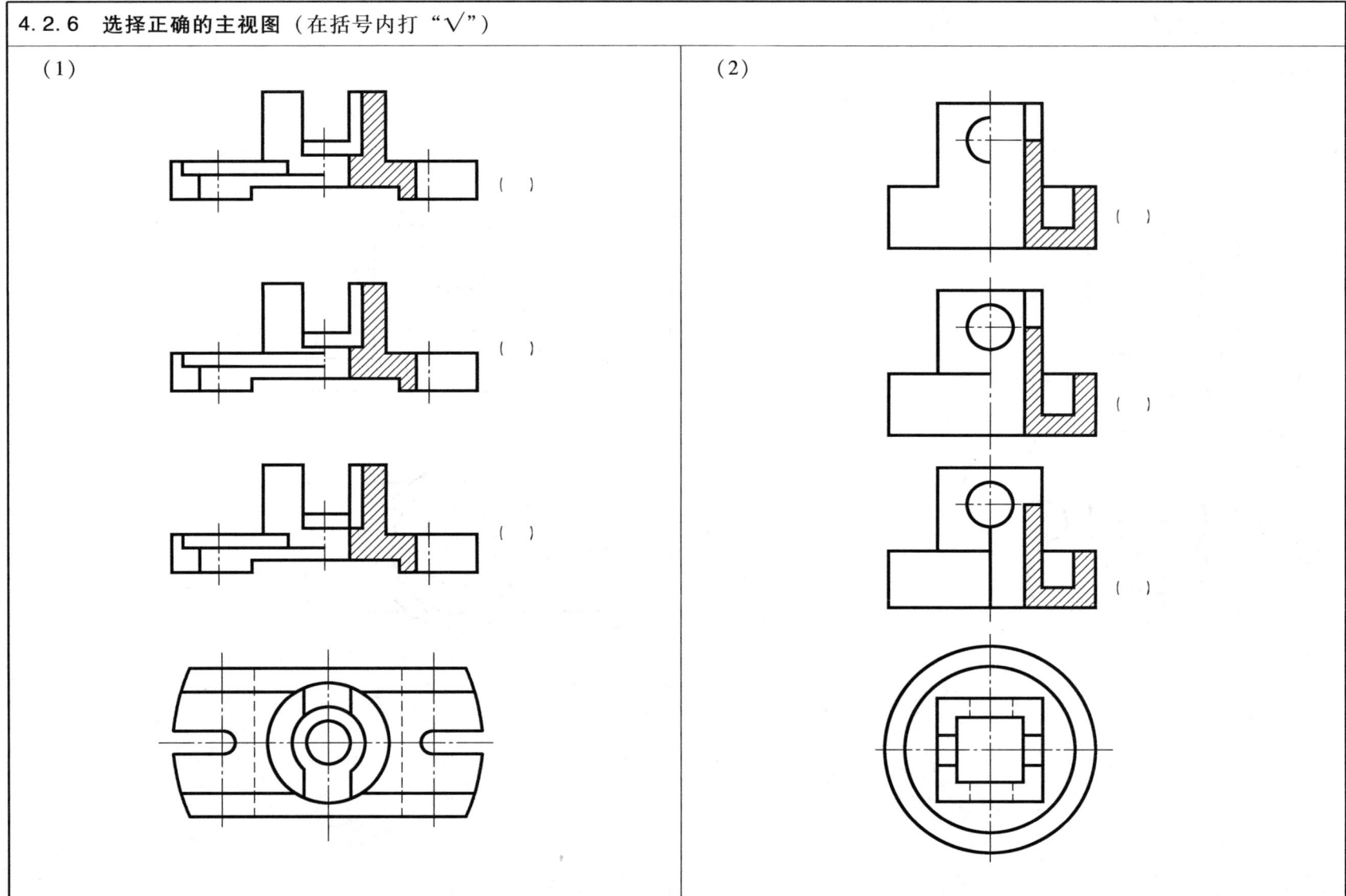

4.2.7 在图 b 处将图 a 所示的主、俯、左视图均改画成半剖视图

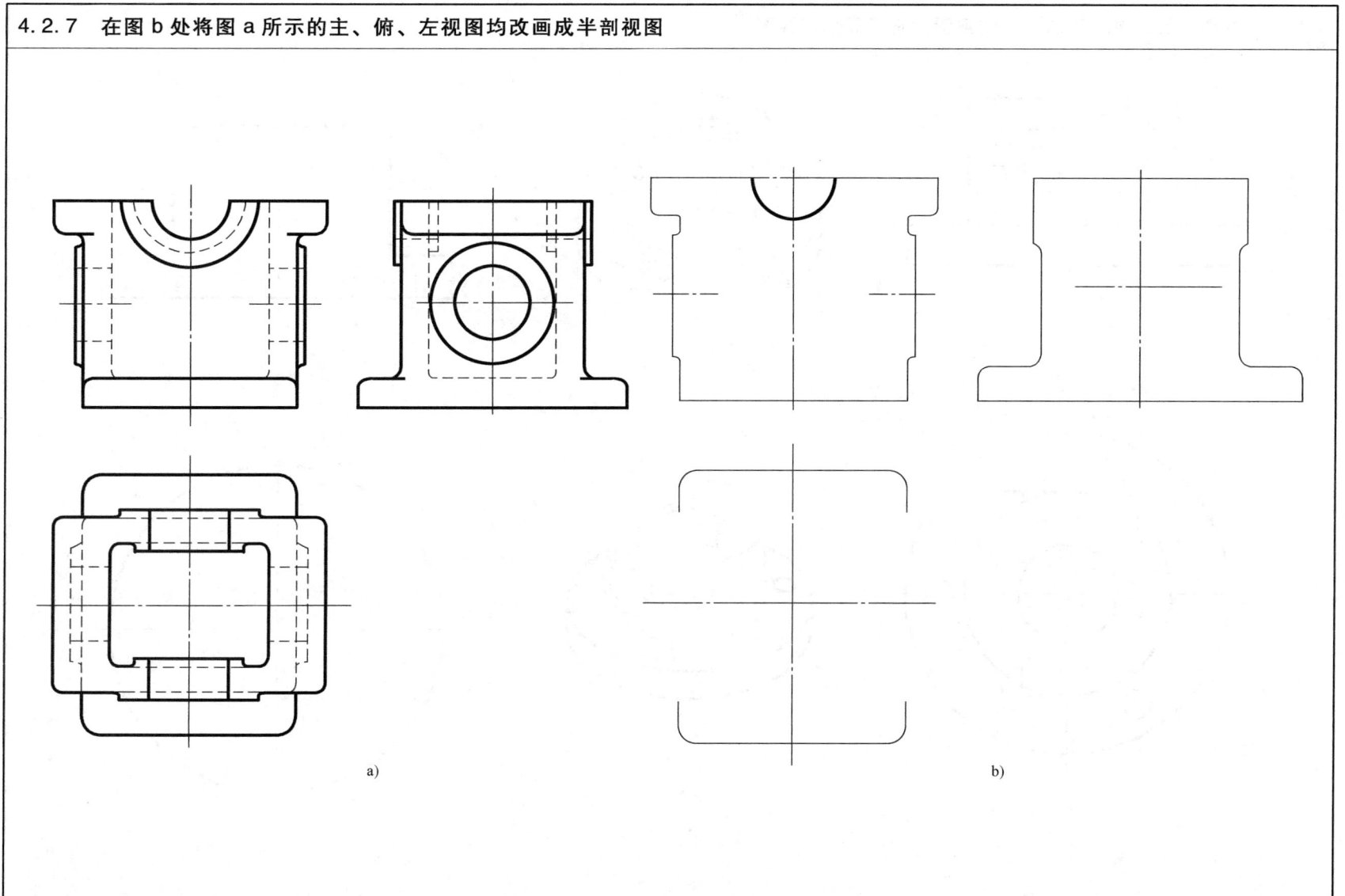

a)　　　　　　　　　b)

4.2.8 想清形状，将左侧的主、俯视图改画成局部剖视图

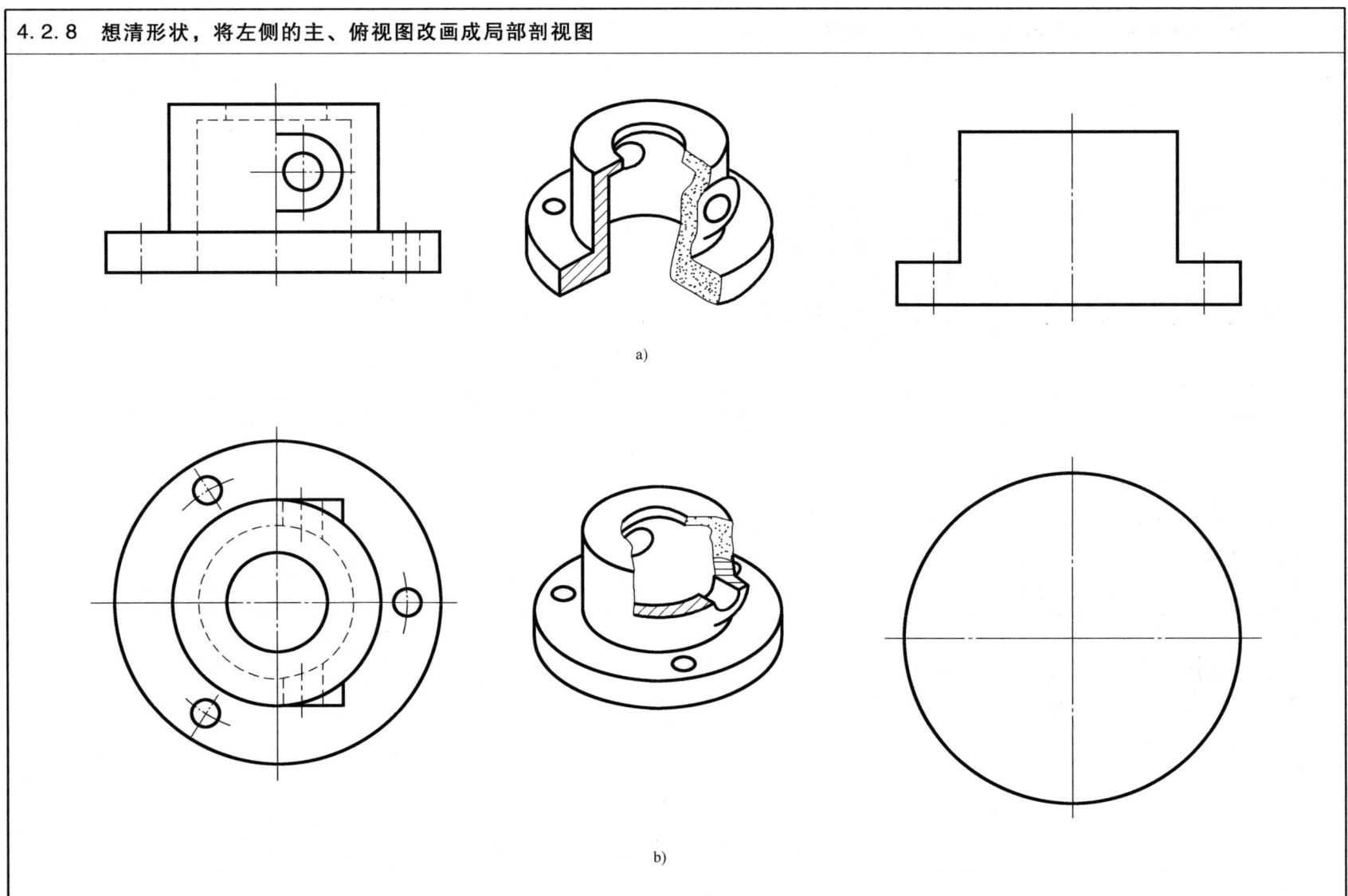

a)

b)

班级：　　　　　　姓名：　　　　　　学号：

4.2.9　根据图 a 所示的主、俯两视图，在图 b 处改画成局部剖视图

(1)

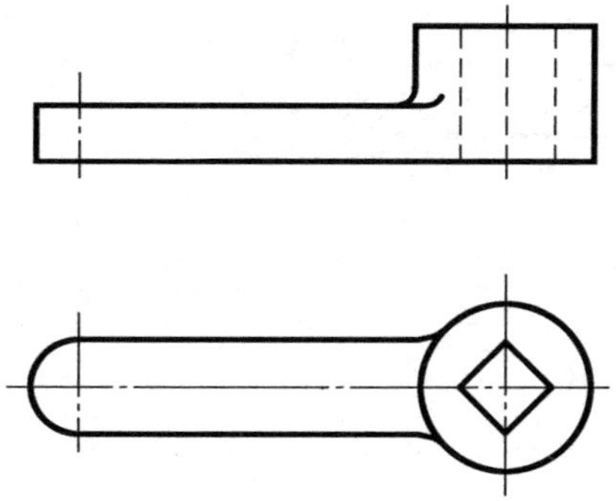

a)

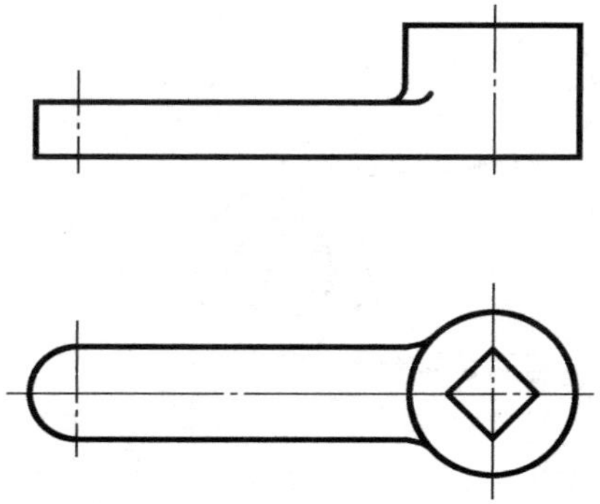

b)

(2)

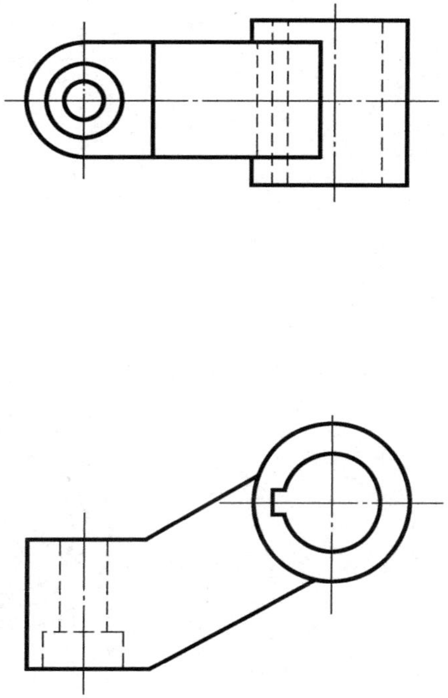

a)

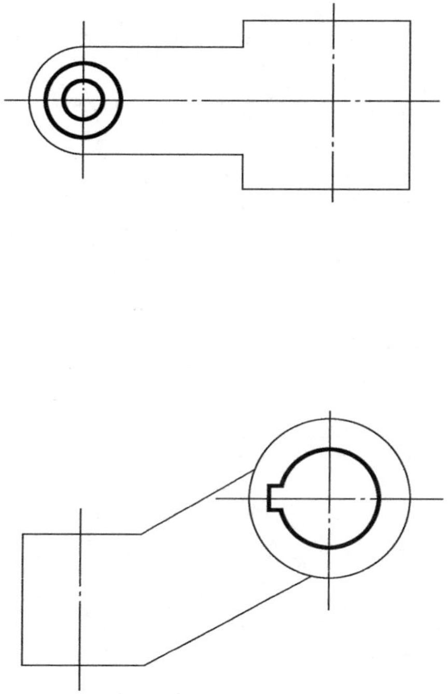

b)

| 4.2.10 画斜剖视图 |

(1)

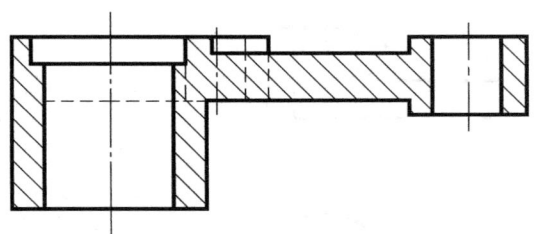

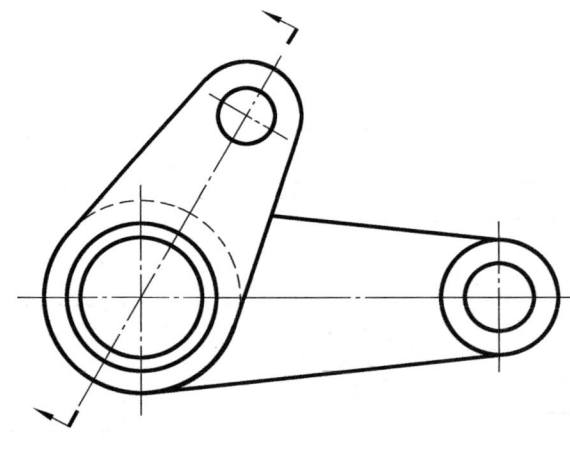

（2）

班级：　　　　　姓名：　　　　　学号：

4.2.11　用几个平行剖切平面剖切的方法将主视图改画为合适的剖视图

（1）

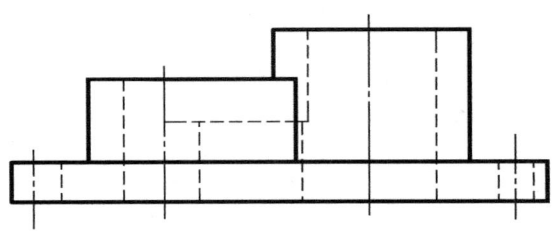

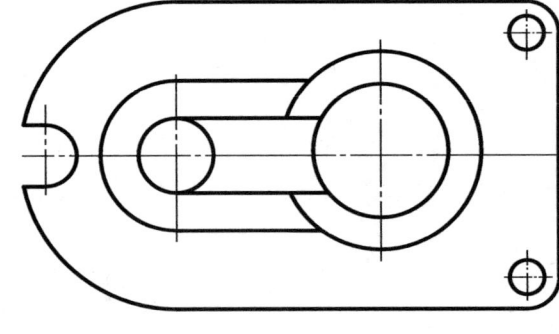

（2）

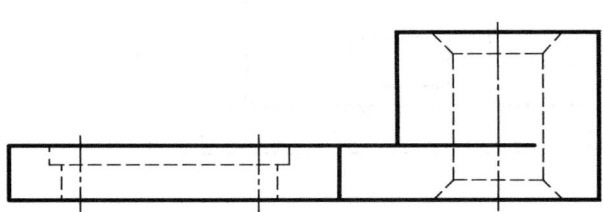

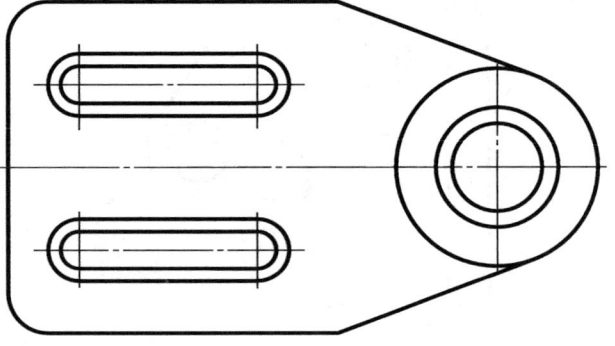

· 60 ·

4.2.12 用几个相交剖切平面剖切的方法将主视图改画为合适的剖视图

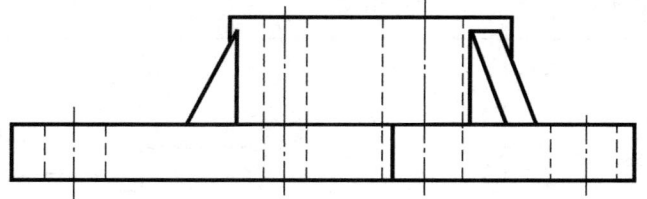

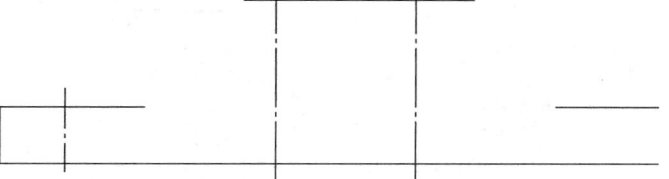

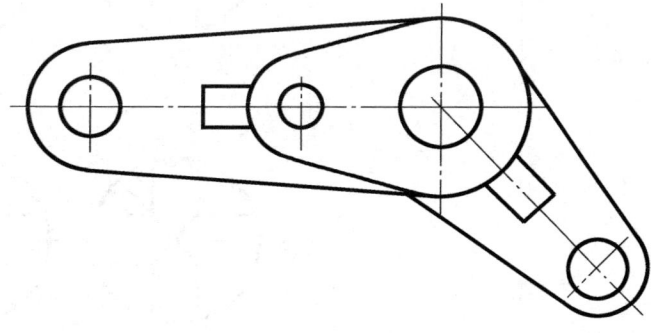

4.3 断面图

班级：　　　　姓名：　　　　学号：

4.3.1 选出视图下方正确的断面图，并在括号内打"√"

（1）

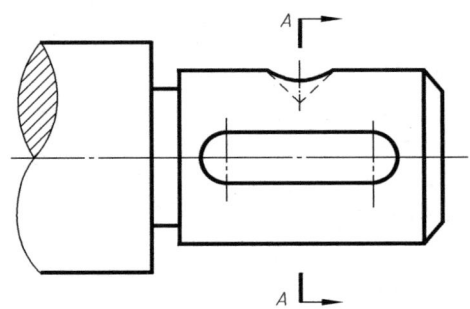

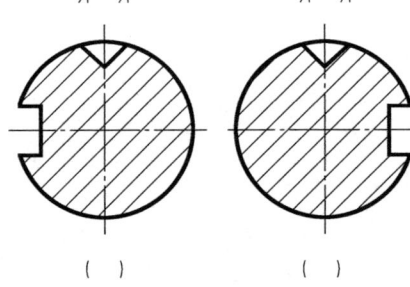

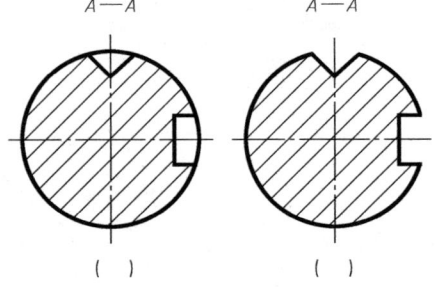

（2）

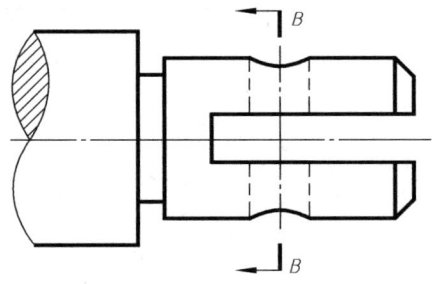

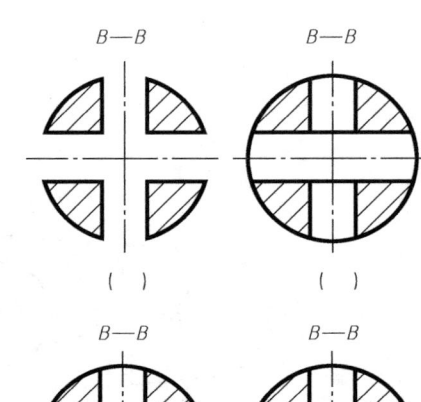

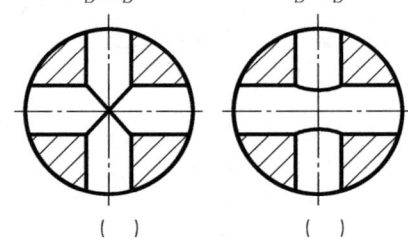

4.3.2 在指定位置画出断面图（左键槽深 3.5mm，右键槽深 3.0mm）

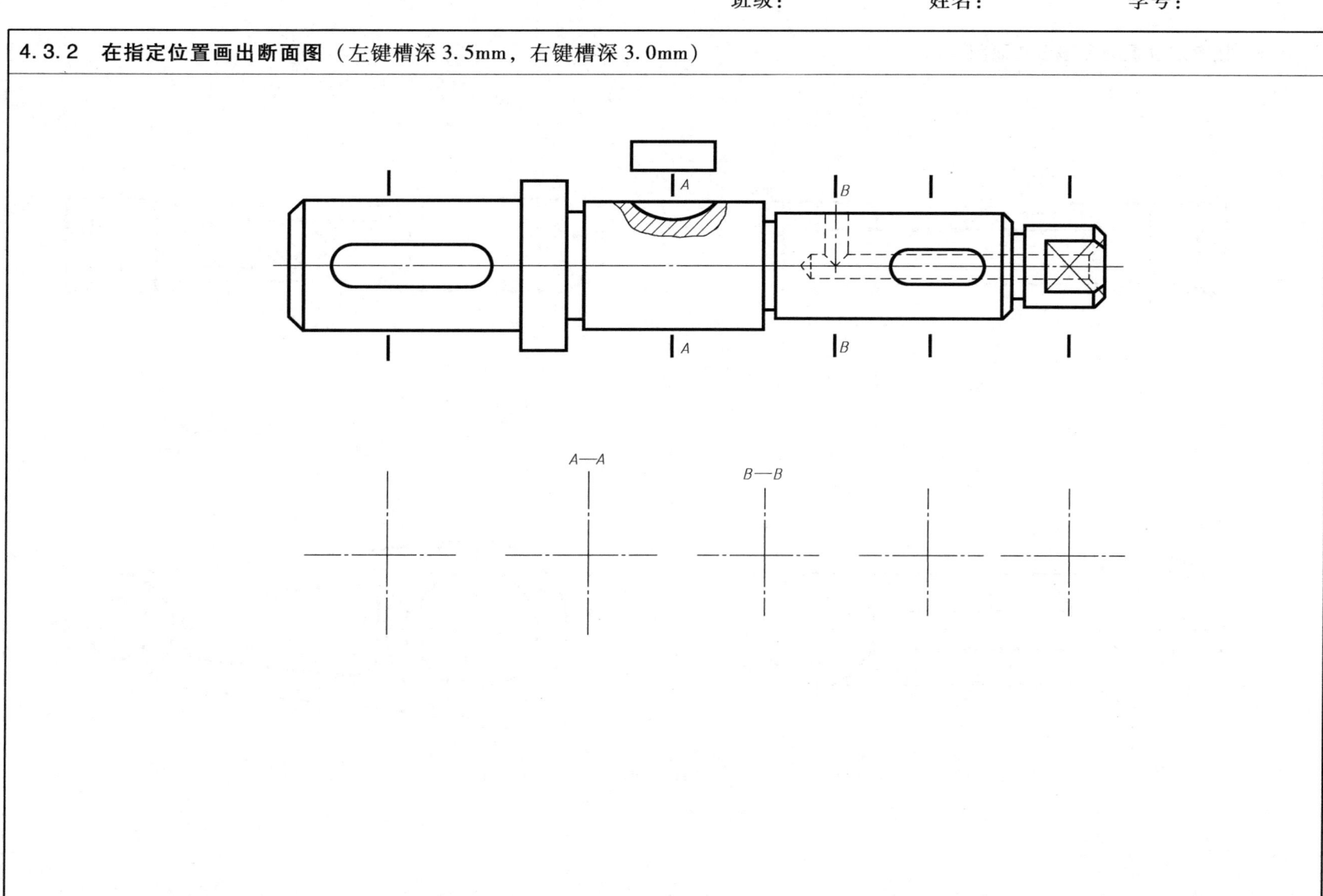

班级：　　　　　　　姓名：　　　　　　学号：

4.3.3 按指定位置画出移出断面图

（1）

（2）

4.3.4 机件表达方法大作业

作业 机件表达方法

1. 内容

根据右图所示的轴测图选择合适的表达方法绘制图样并标注尺寸。

2. 目的

(1) 初步训练选择机件表达方法的能力。

(2) 掌握剖视图的画法。

(3) 进一步练习较复杂形体的尺寸标注方法。

3. 要求

(1) 用 A3 图纸。

(2) 图比例自定。

(3) 铅笔加深图线。

4. 注意事项

(1) 在看清或想出机件形状的基础上，考虑应选取哪些视图，再分析机件上哪些内部结构需采用剖视，怎样剖切。可多考虑几种方案，并进行比较，再从中选出恰当的表达方案，要简明清晰。

(2) 剖视图应直接画出，不应先画视图，再将其改成剖视图。

(3) 剖面线不画底稿线，而在描深时一次画成。这样既能保证剖面线的清晰，又便于控制各个视图中剖面线的方向、间隔一致，还有利于提高绘图速度。

(4) 要注意区分哪些剖切位置线可以不画，哪些必须画出并注明。应特别注意局部剖视图中波浪线的画法。

(5) 选择视图和标注尺寸时，应用形体分析法，确保各部分形状都表达清楚和所注尺寸既不遗漏也不重复（不应从轴测图上照搬）。

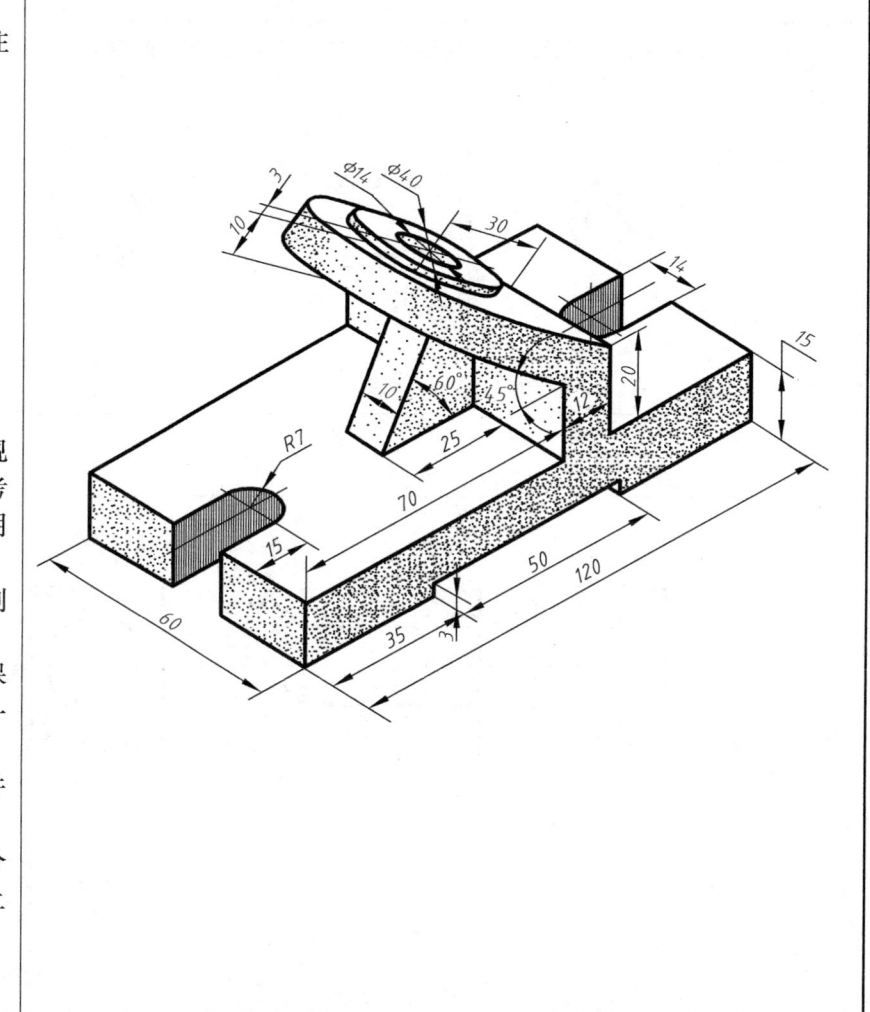

第 5 章 标准件与常用件

5.1 螺纹

班级：　　　　姓名：　　　　学号：

5.1.1 分析并改正下面视图中的错误，在指定位置画出正确的视图

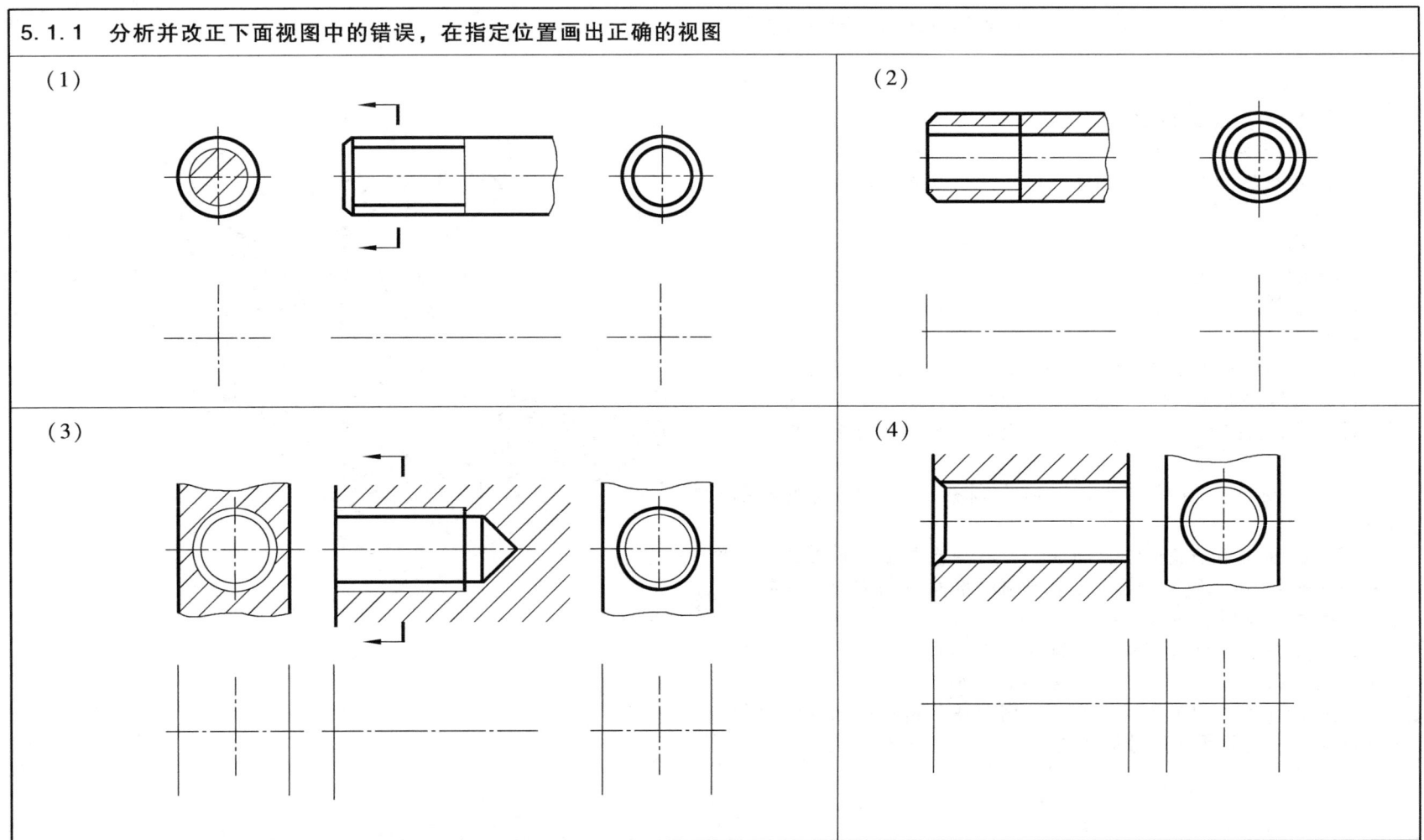

5.1.2 在图上按规定标注螺纹标记

（1）普通外螺纹　螺纹大径为16mm，螺距为1.5mm，右旋，中径和大径公差带代号均为6g，中等旋合长度。

（2）粗牙普通内螺纹　螺纹大径为20mm，左旋，中径、小径公差带代号均为8H，中等旋合长度。

（3）细牙普通内螺纹　螺纹大径为20mm，螺距为1mm，右旋，中径公差带代号为5H，小径公差带代号为6H，短旋合长度。

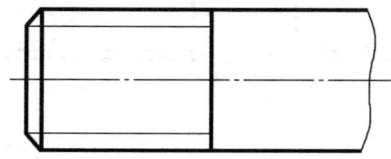
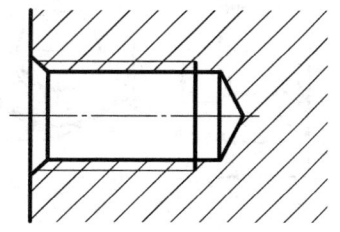
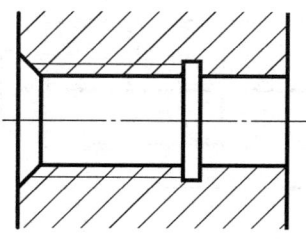

（4）梯形外螺纹　公称直径为40mm，螺纹导程为14mm，螺距为7mm，中径公差带代号为6e，左旋，中等旋合长度。

（5）55°非密封管螺纹　尺寸代号为2½，右旋，公差等级为A级。

（6）55°密封管螺纹　尺寸代号为3，右旋。

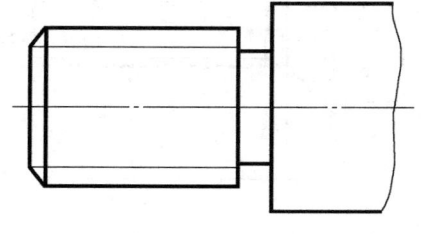
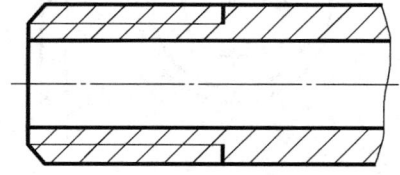
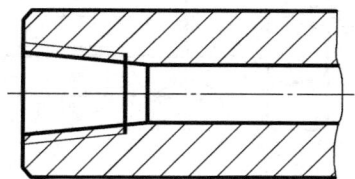

5.2 常用螺纹紧固件　　　　班级：　　姓名：　　学号：

5.2.1 查表标注螺纹连接件的尺寸，并填写规定标记

（1）六角头螺栓—C 级

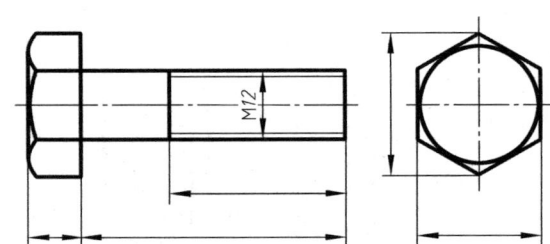

规定标记：_____

（2）Ⅰ型六角螺母—A 级

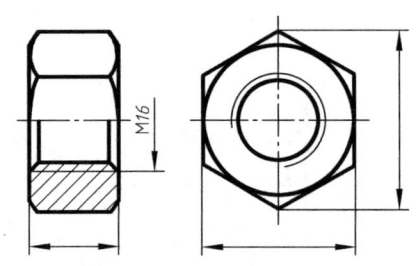

规定标记：_____

（3）双头螺柱（B 型，$b_m = 1.25d$）

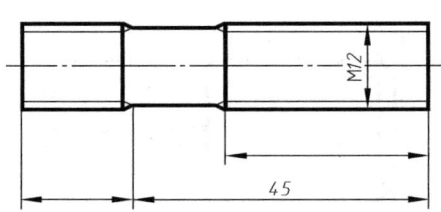

规定标记：_____

（4）开槽圆柱头螺钉

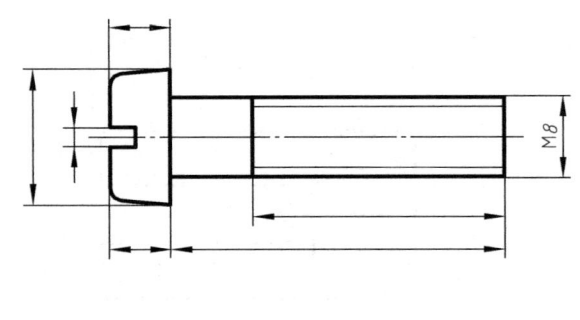

规定标记：_____

（5）平垫圈—A 级

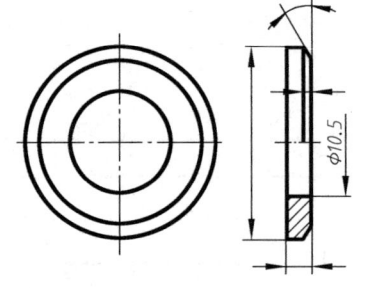

规定标记：_____

（6）开槽沉头螺钉

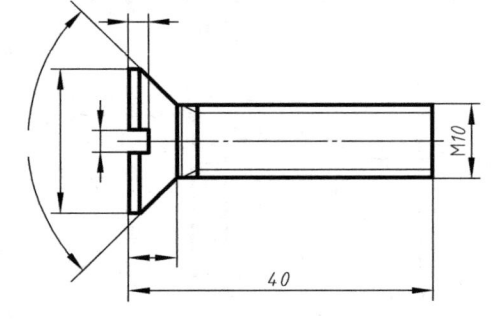

规定标记：_____

班级：　　　　　　姓名：　　　　　　学号：

5.2.2 分析并改正给出视图中的错误，在指定位置画出正确的表达

(1)

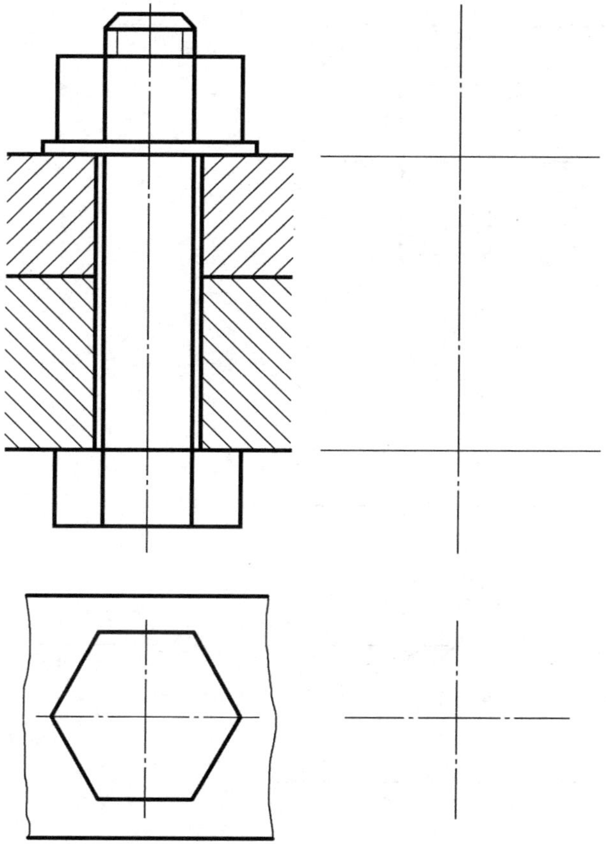

(2)

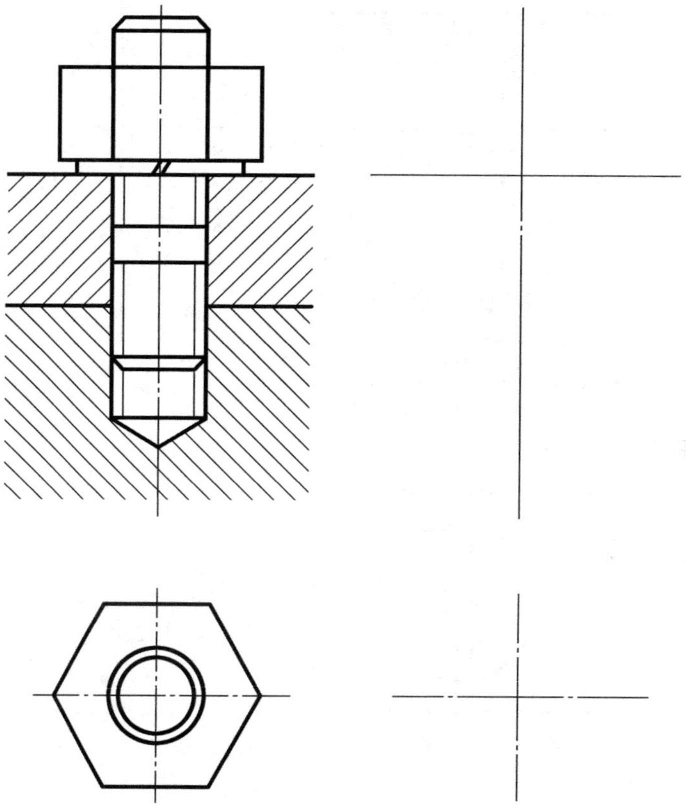

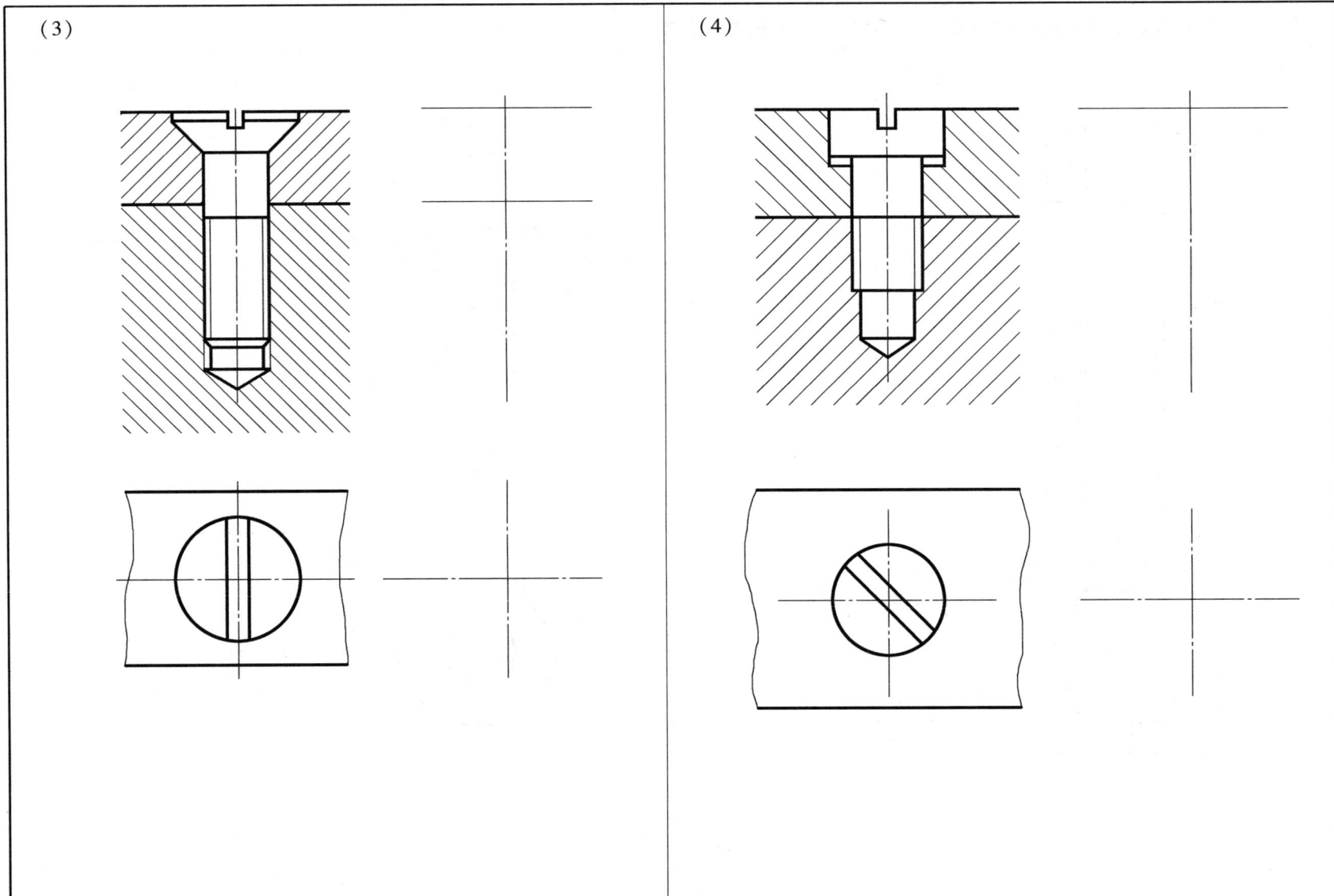

5.3 键和销

班级：　　　　姓名：　　　　学号：

5.3.1 根据图形及图形中的尺寸完成轴、孔及键连接的绘制

（1）完成键连接的绘制。

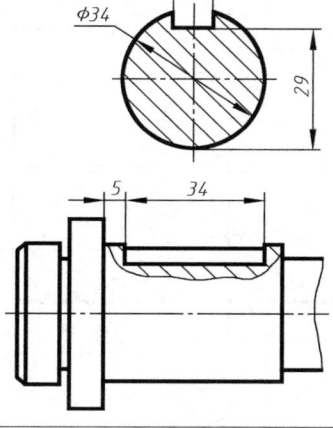

（2）完成键连接的绘制，并标注尺寸。

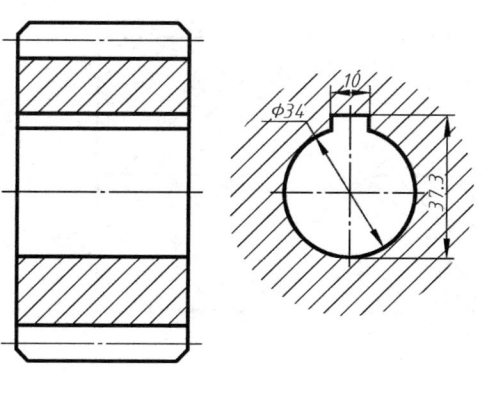

（3）完成键连接的绘制，并填写规定标记。

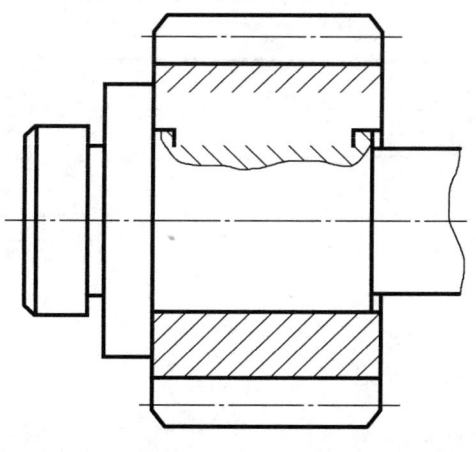

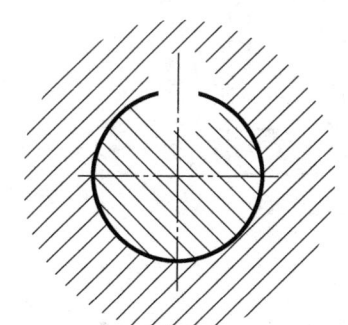

规定标记：_____

班级： 姓名： 学号：

| 5.3.2 绘制销连接，查表标出销的尺寸数值，并标记 |

（1）圆柱销，公称直径为 10mm，长度按机件的需要选定。

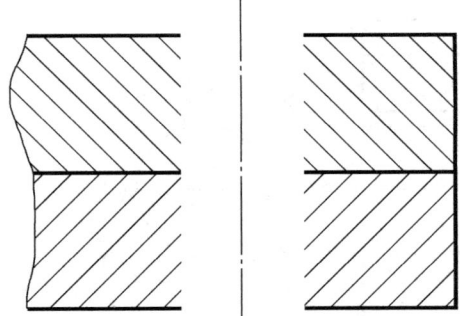

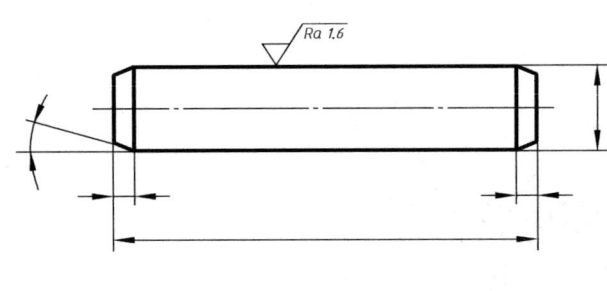

规定标记：_____

（2）圆锥销 A 型，公称直径为 8mm，长度按机件的需要选定。

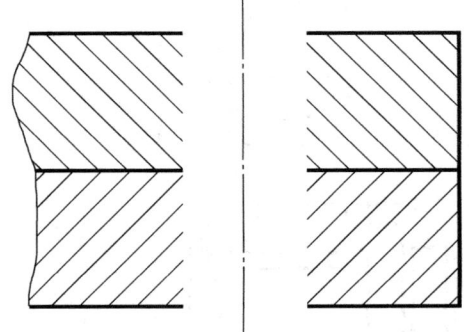

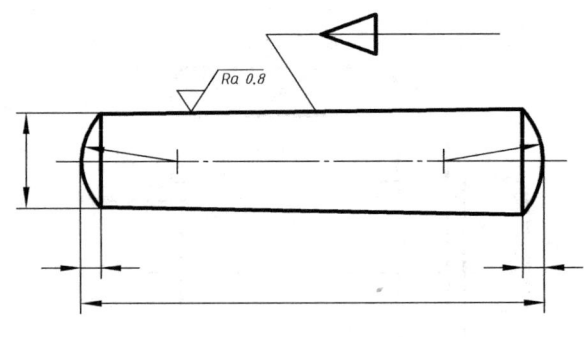

规定标记：_____

· 72 ·

5.4 齿轮

班级：　　　　姓名：　　　　学号：

5.4.1 绘制齿轮并标注尺寸

已知直齿圆柱齿轮齿顶圆倒角 $C2$，模数 $m=4\text{mm}$，齿轮齿数 $z=35$（或教师指定），再按模数和齿数计算确定分度圆直径，按适当的比例完成齿轮图的绘制。

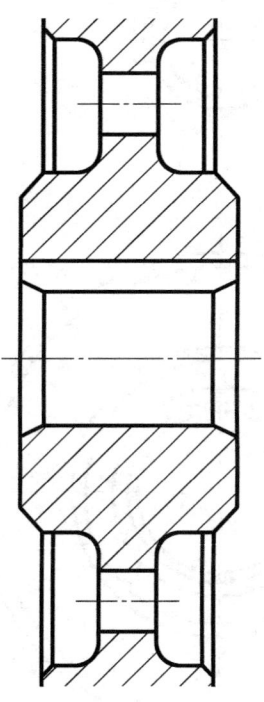
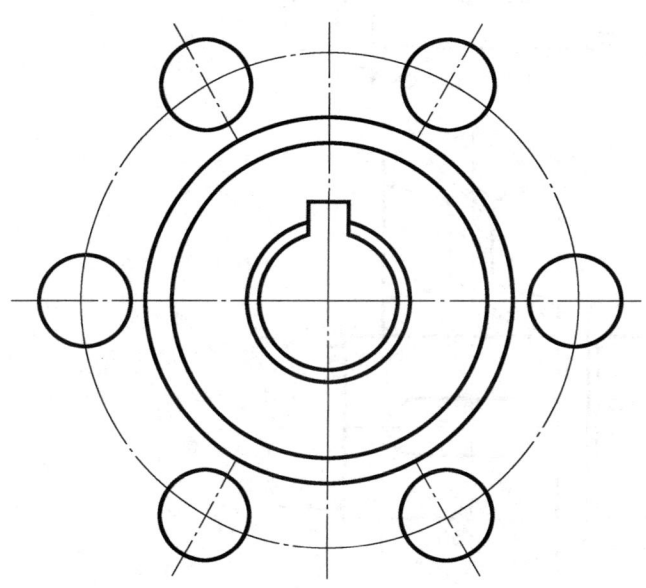

· 73 ·

班级： 姓名： 学号：

5.4.2 齿轮啮合图的绘制

已知直齿圆柱齿轮的模数 $m=3$mm，大、小齿轮齿数 z_1、z_2 分别为 24、44，再按模数和齿数计算确定齿轮的分度圆直径和中心距，按适当的比例完成齿轮啮合图的绘制。

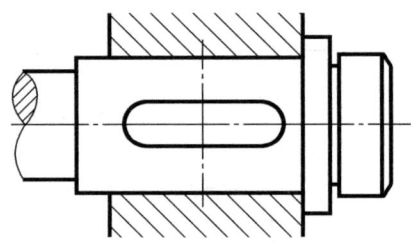

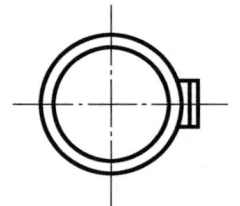

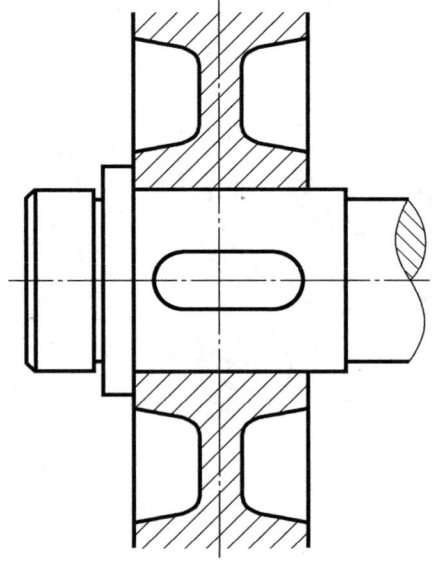

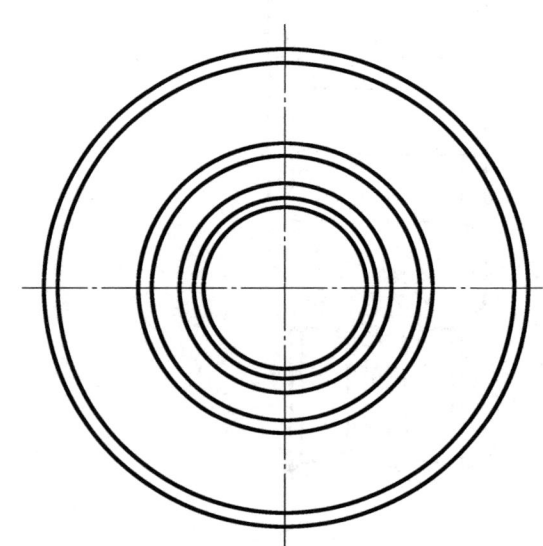

· 74 ·

5.5　标准件及常用件的综合实训

班级：　　　　姓名：　　　　学号：

实训　标准件及常用件的表达

1. 内容及目的

（1）通过观察模型、轴测图或给定参数，建立机件的形体，提高对标准件和常用件的认识。

（2）通过查表、画图等操作，培养动手能力。

2. 训练要求

（1）齿轮模数为 6mm，根据轴测图，绘制三视图，并标注尺寸，全部内容要符合现行的制图标准。

（2）在练习册上完成或选用 A3 图纸绘制，并绘制图框和标题栏。

（3）选用 A3 图纸绘图，比例自己选择，优先选择原值比例，即 1∶1 的比例。

3. 注意事项

（1）绘图时可参考教材中的图例，按近似画法时可取整数。

（2）根据给出的图形或参数，查表获取标准数值，再根据数值画图。

（3）尺寸标注要按规定的要求完成。

（4）练习的内容可以在习题集上完成，也可先在习题集上完成方案草图，再用 A3（或 A4）图纸完成绘制。

（1）绘制直齿圆柱齿轮，如下图所示（比例自定）。

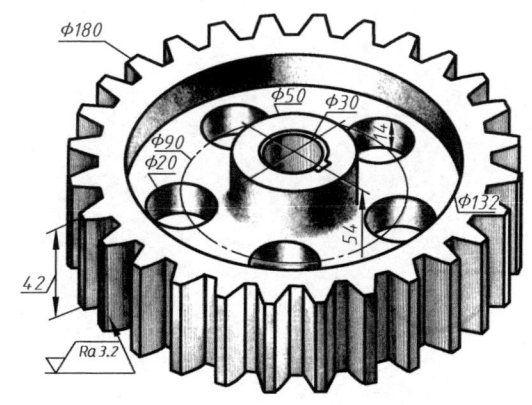

班级：　　　　　姓名：　　　　　学号：

（2）已知六角头螺栓规格为 M20（GB/T 5780—2016），六角螺母规格为 M20（GB/T 41—2016），垫圈规格为 20（GB/T 97.1—2002），被连接件厚度分别为 $t_1=20\text{mm}$、$t_2=30\text{mm}$，完成螺栓连接的三视图绘制。

（3）已知双头螺柱规格为 M16（GB 899—1988），螺母规格为 M16（GB/T 41—2016），弹簧垫圈规格为 20（GB/T 93—1987），薄件厚度为 25mm，完成双头螺柱连接的三视图绘制。

第6章 零件图

6.1 零件表达

班级：　　　　姓名：　　　　学号：

6.1.1 读拨叉的零件图，分析标注，画出 A—A 剖视图

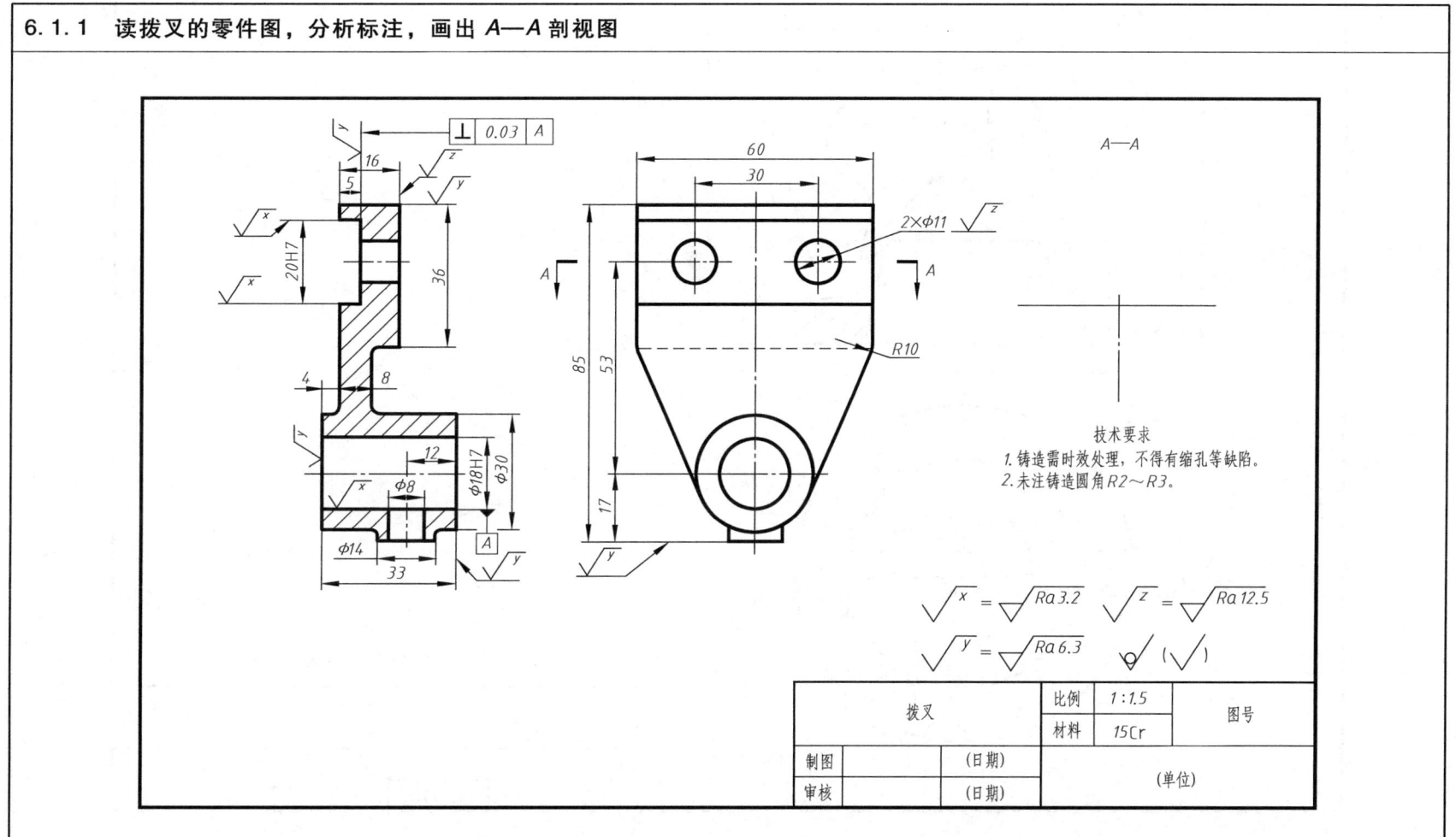

班级： 姓名： 学号：

6.1.2 看图分析零件，完成左视图的外形图

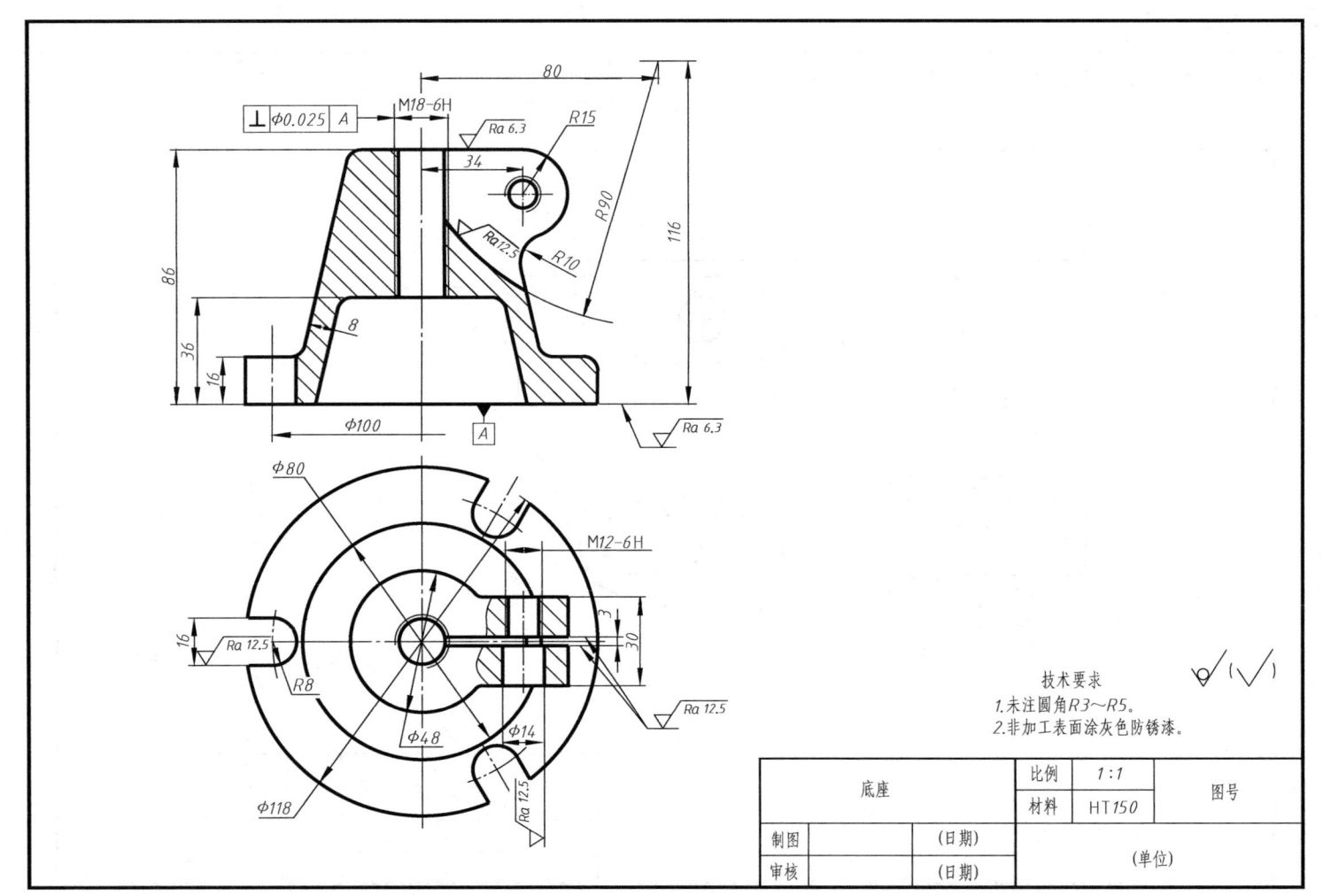

6.2 零件图的视图表达

班级：　　　　姓名：　　　　学号：

根据轴测图完成零件图的绘制（零件图的全部内容）

（1）零件名称为轴，材料为 45 钢。

零件说明：

① 绘图比例自定。

② 零件其他表面的表面粗糙度值为 $Ra25\mu m$。

③ 未注圆角 $R2$。

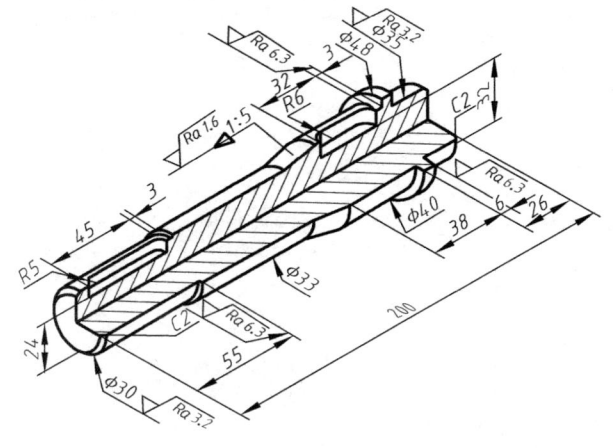

（2）零件名称为齿轮箱，材料为 HT150。

零件说明：

① 零件毛坯为铸造件。

② 未注圆角 R3。

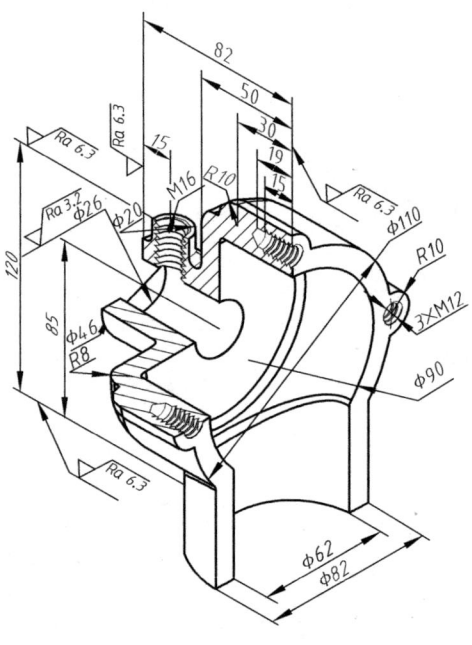

6.3 零件图的尺寸表达

确定并标出轴承座、轴承盖的尺寸基准，并标出所缺尺寸（数值从图中按 1∶2 的比例量取，取整数）

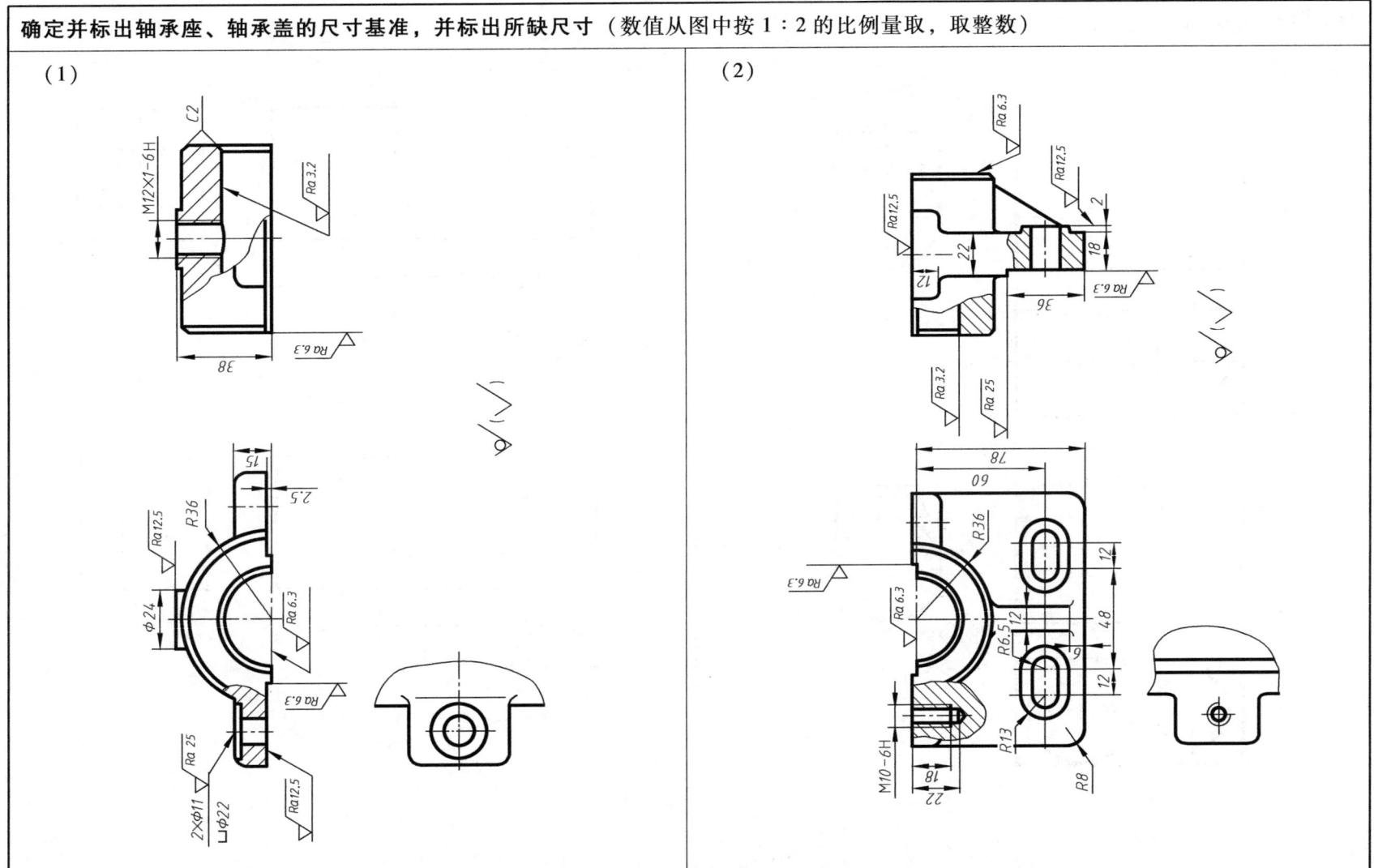

6.4 零件图上的工艺结构

班级：　　　　姓名：　　　　学号：

根据图 a 补画图 b 中的过渡线

(1)　　　　　　　　　　　　　　　　　(2)

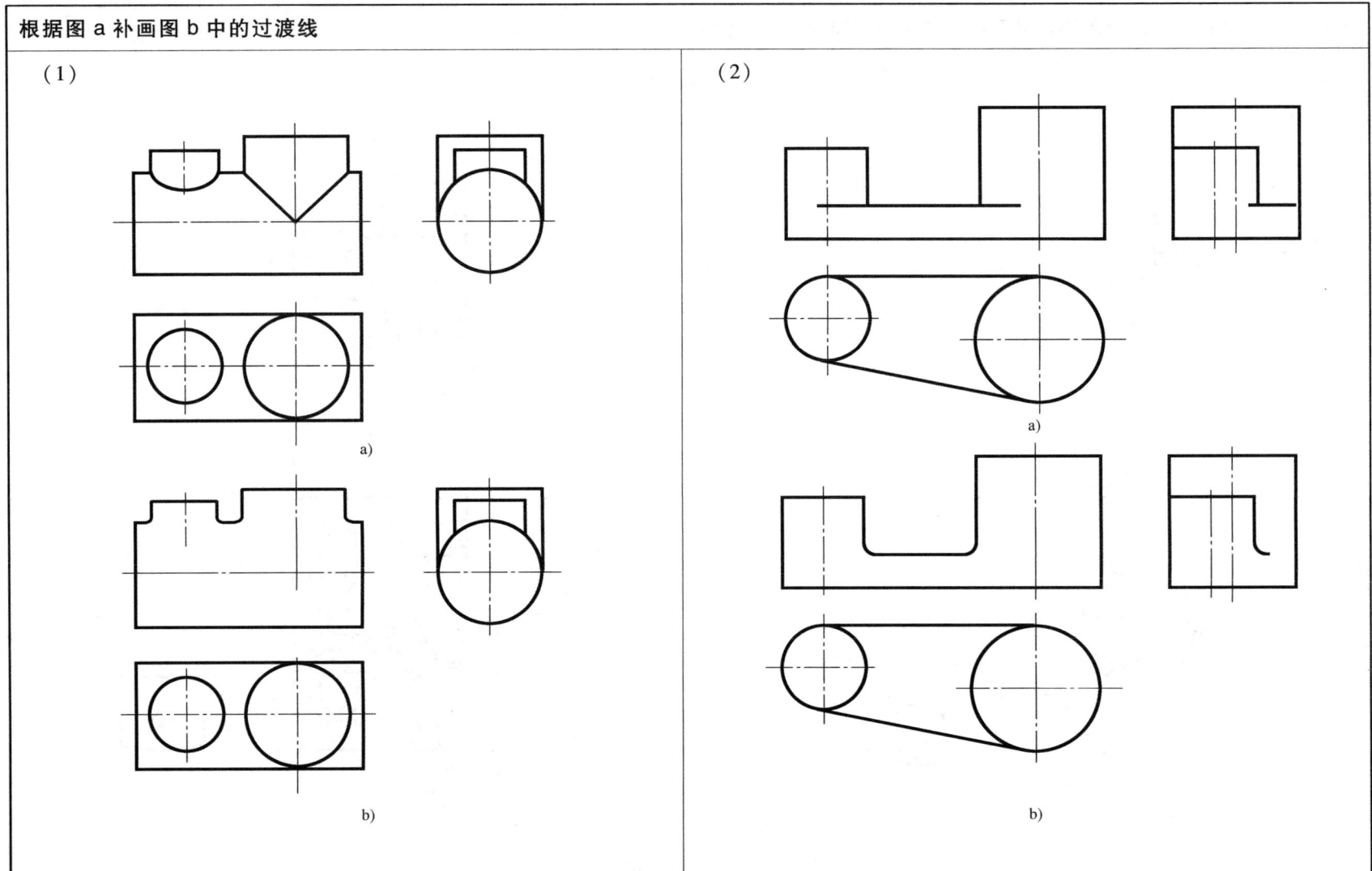

6.5 零件图的技术要求

班级：　　　　　姓名：　　　　　学号：

6.5.1 完成零件的表面粗糙度的标注

（1）φ30mm、φ28mm 圆柱表面的表面粗糙度 Ra 值为 1.6μm；M20×1.5 螺纹表面的表面粗糙度 Ra 值为 6.3μm；键槽两侧表面的表面粗糙度 Ra 值为 3.2μm，底面的表面粗糙度 Ra 值为 6.3μm；圆锥销孔表面的表面粗糙度 Ra 值为 3.2μm；其余表面的表面粗糙度 Ra 值为 12.5μm。

（2）两个 φ6mm 销孔表面的表面粗糙度 Ra 值为 3.2μm；90°V 形槽工作表面的表面粗糙度 Ra 值为 1.6μm；零件底面的表面粗糙度 Ra 值为 1.6μm；两组 φ9mm 孔和 φ15mm 沉孔的表面粗糙度 Ra 值为 25μm；其余表面的表面粗糙度 Ra 值为 12.5μm。

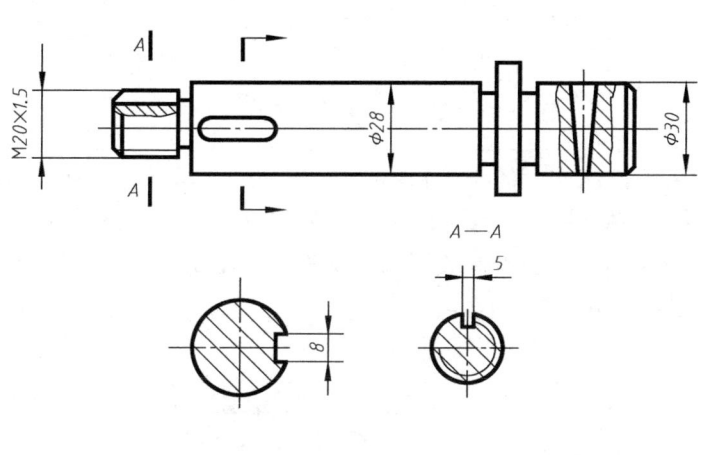

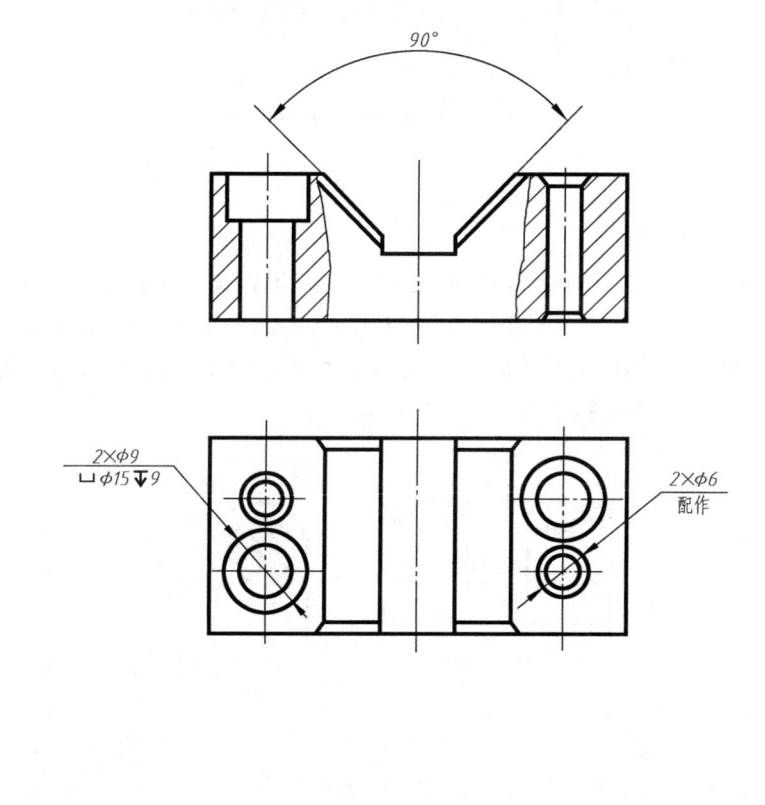

（3）φ12mm 孔内表面的表面粗糙度 Ra 值为 3.2μm；φ24mm 圆柱表面的表面粗糙度 Ra 值为 6.3μm；φ26mm 右端面的表面粗糙度 Ra 值为 3.2μm；φ9mm 圆锥销孔内表面的表面粗糙度 Ra 值为 3.2μm；其余表面的表面粗糙度 Ra 值为 12.5μm。

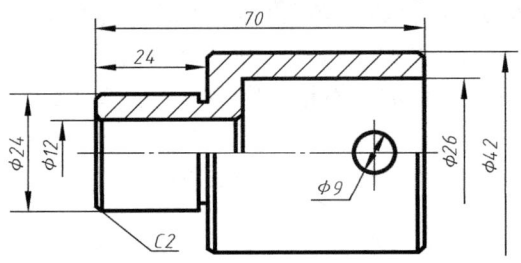

（4）R12mm 弧内表面的表面粗糙度 Ra 值为 3.2μm；φ5mm 孔表面的表面粗糙度 Ra 值为 6.3μm；φ26mm 孔的表面粗糙度 Ra 值为 3.2μm；螺纹工作表面的表面粗糙度 Ra 值为 12.5μm；其余表面的表面粗糙度 Ra 值为 25μm。

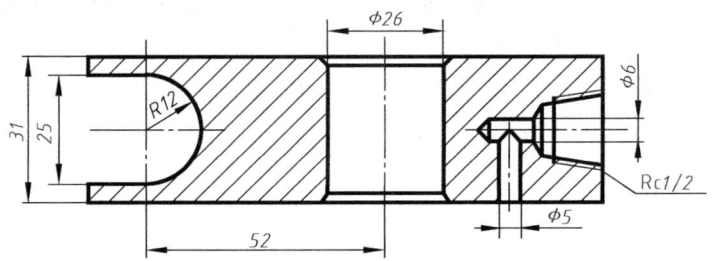

（5）φ10mm、φ14mm 孔内表面的表面粗糙度 Ra 值为 6.3μm；13mm 宽槽侧面的表面粗糙度 Ra 值为 3.2μm，槽底的表面粗糙度 Ra 值为 12.5μm；工件底表面的表面粗糙度 Ra 值为 3.2μm；其余表面的表面粗糙度 Ra 值为 25μm。

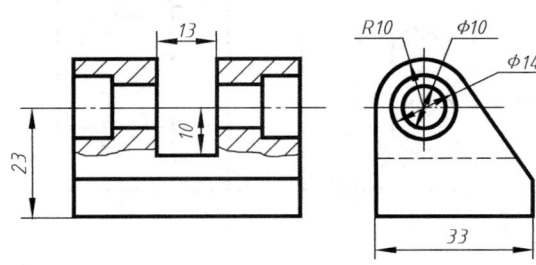

（6）齿轮齿侧表面的表面粗糙度 Ra 值为 3.2μm；齿轮两端面的表面粗糙度 Ra 值为 6.3μm；齿轮的齿顶圆的表面粗糙度 Ra 值为 6.3μm；φ14mm 两轴表面的表面粗糙度 Ra 值为 1.6μm；其余表面的表面粗糙度 Ra 值为 12.5μm。

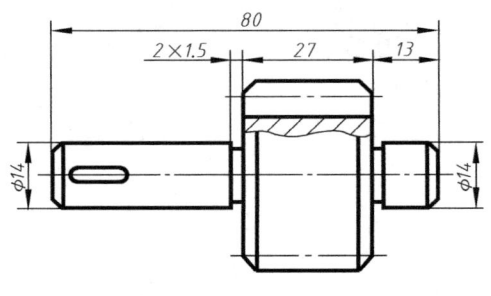

6.5.2 确定尺寸基准，标注表面粗糙度

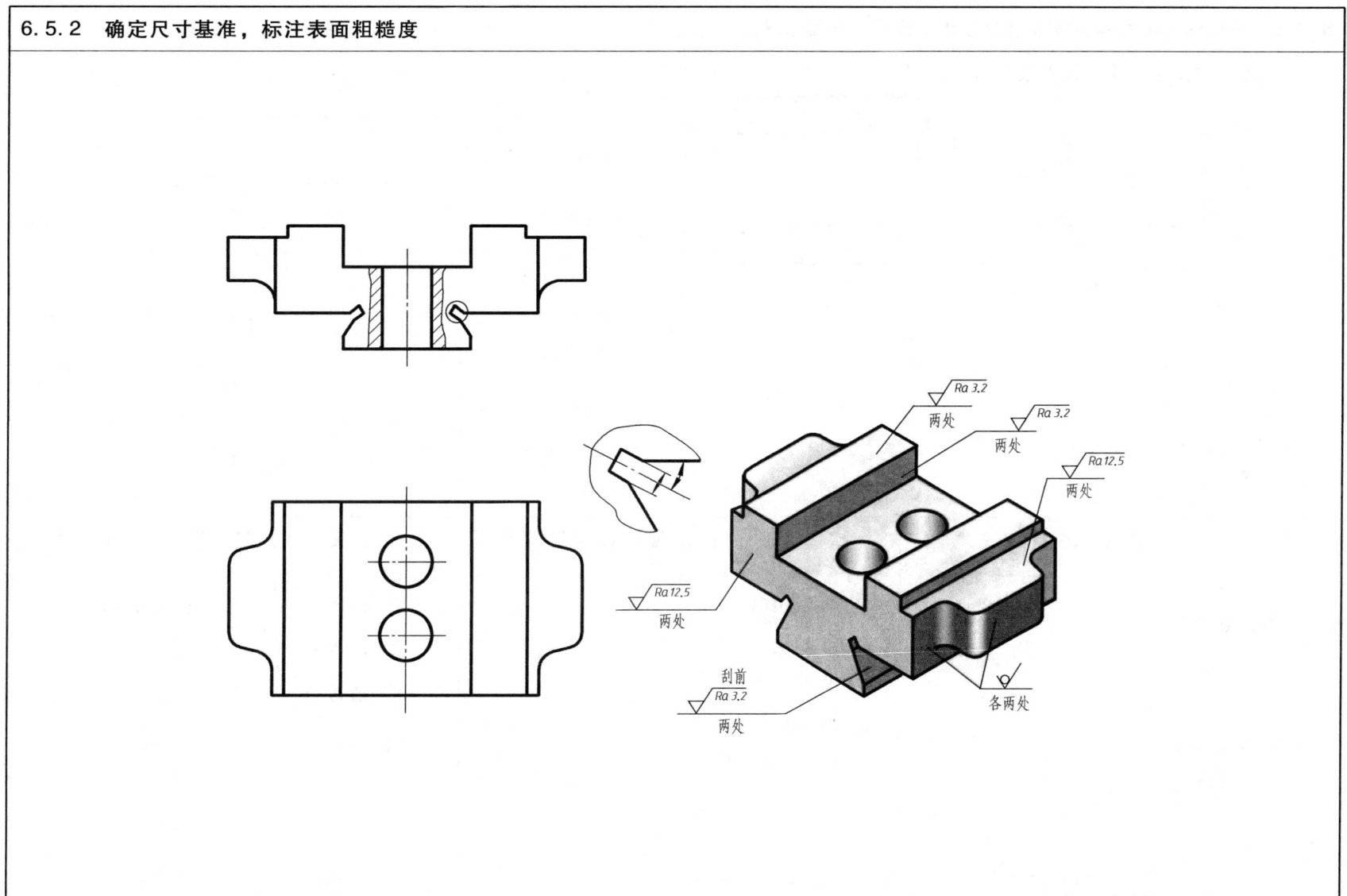

6.5.3 查表确定尺寸的极限偏差及公差带代号，并回答问题（填空）

(1) 读轴和孔的尺寸及其极限偏差，并填空。

名称	轴	孔
公称尺寸		
上极限尺寸		
下极限尺寸		
上极限偏差		
下极限偏差		
公差		

轴：$\phi 20^{+0.033}_{\ \ 0}$　　孔：$\phi 20^{-0.021}_{-0.041}$

(2) 改错，将正确的标注填写在括号内。

① $\phi 40_{-0.05}$　　　　　　　　　　（　　）

② $\phi 50 \left({}^{-0.031}_{-0.7} \right)$　　　　　　　（　　）

③ $\phi 30_{\pm 0.008}$　　　　　　　　（　　）

④ $\phi 30^{+0.021}_{-0}$　　　　　　　　（　　）

⑤ $\phi 50^{+0.002}_{+0.018}$　　　　　　　（　　）

(3) 查表，将极限偏差数值填写在括号内。

① $\phi 30H8$　（　　）

② $\phi 60JS7$　（　　）

③ $\phi 25m8$　（　　）

④ $\phi 40f7$　（　　）

⑤ $\phi 50h8$　（　　）

(4) 查表，将公差带代号填写在公称尺寸后。

① 孔 $\phi 80$　　（ ± 0.015 ）

② 孔 $\phi 20$　　$\left({}^{+0.006}_{-0.015} \right)$

③ 轴 $\phi 30$　　$\left({}^{-0.020}_{-0.041} \right)$

④ 轴 $\phi 35$　　$\left({}^{+0.018}_{+0.002} \right)$

6.5.4 查表确定尺寸的极限偏差及公差带代号，并回答问题（标注、填空）（1）

（1）解释套筒零件尺寸公差带代号的含义。

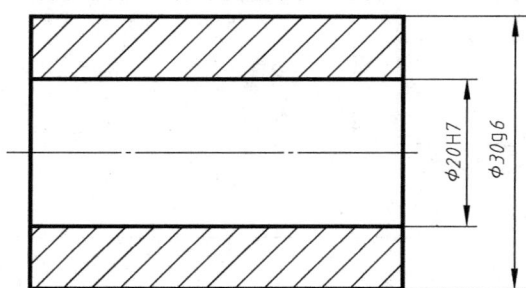

套筒孔径的公称尺寸_____，基本偏差_____，公差等级_____。

套筒轴径的公称尺寸_____，基本偏差_____，公差等级_____。

（2）已知轴的公称尺寸为φ30mm，上极限偏差为-0.020mm，下极限偏差为-0.041mm，在图中标注并填空。

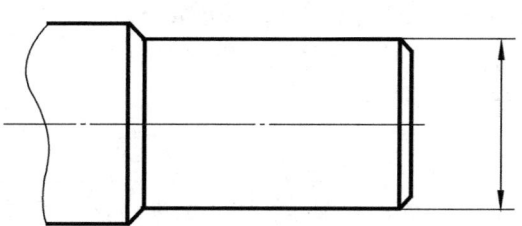

轴的上极限尺寸_____，下极限尺寸_____，公差_____，标准公差等级是_____级。

（3）已知孔的公称尺寸为φ55mm，上极限尺寸为φ55.046mm，下极限尺寸为φ55mm，求孔的上、下极限偏差，并在图中标注。

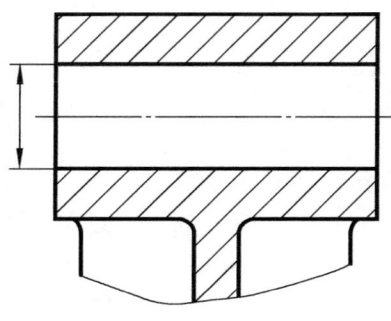

（4）根据装配图的配合标注，解释其含义。

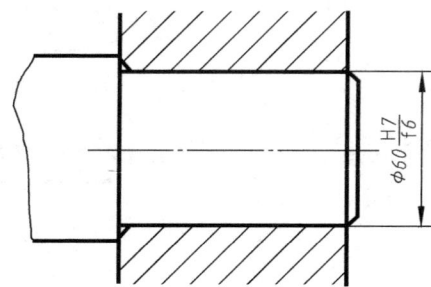

轴的公称尺寸_____，基本偏差_____，标准公差等级_____。

孔的公称尺寸_____，基本偏差_____，标准公差等级_____，_____制_____配合。

6.5.5 查表确定尺寸的极限偏差及公差带代号，并回答问题（标注、填空）（2）

（1）孔的公称尺寸为 φ30mm，上极限偏差为 0.021mm，下极限偏差为 0mm；轴的公称尺寸为 φ30mm，极限偏差为 ±0.0105mm，查出它们的公差带代号，再将其与极限偏差同时标注在图上，并填空。

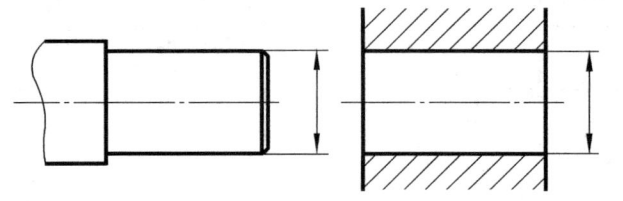

孔是_____制_____的孔
轴是_____制_____的轴

（2）根据孔、轴的极限偏差，画出公差带图，完成标注，并填空。

① 孔 $\phi120^{+0.087}_{\ 0}$
　 轴 $\phi120^{-0.120}_{-0.207}$

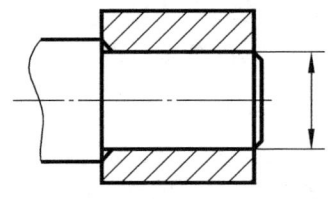

最大（间隙、过盈）= 0.294
最小（间隙、过盈）= 0.120
_____基孔_____制_____间隙_____配合

② 孔 $\phi50^{+0.039}_{\ 0}$
　 轴 $\phi50^{+0.042}_{+0.002}$

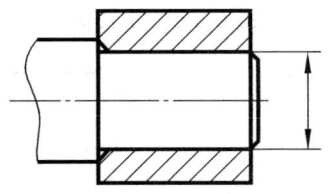

最大（间隙、过盈）=
最小（间隙、过盈）=
_____基孔_____制_____过渡_____配合

③ 孔 $\phi100^{-0.036}_{-0.071}$
　 轴 $\phi100^{\ 0}_{-0.022}$

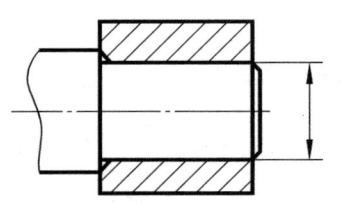

最大（间隙、过盈）=
最小（间隙、过盈）=
_____基轴_____制_____过盈_____配合

6.5.6 读懂图中几何公差，填空解释其含义

(1)
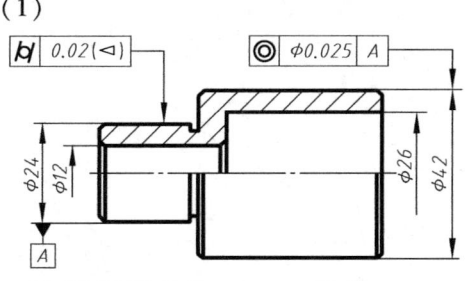

① 被测要素为 φ24mm 轴的_____，_____公差，允许_____，公差值_____。
② 以 φ24mm 轴_____为基准，被测要素为_____，_____公差，公差值_____。

(2)
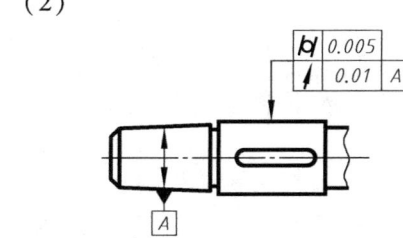

① 以圆锥轴的_____为基准，被测要素为_____，_____公差，公差值_____。
② 被测要素是键槽轴的_____，_____公差，公差值_____。

(3)
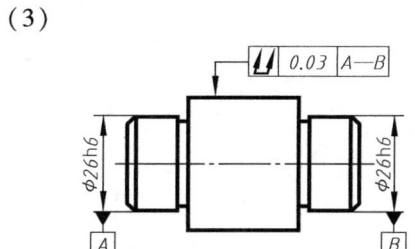

以_____为基准，被测要素为_____，_____公差，公差值_____。

(4)
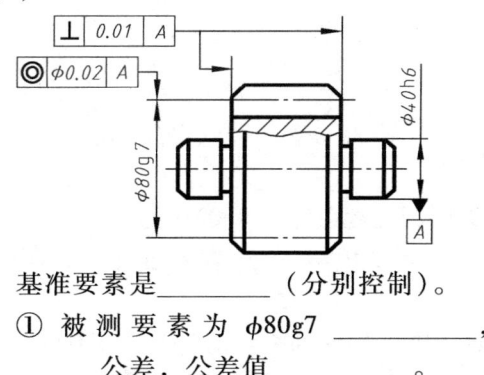

基准要素是_____（分别控制）。
① 被测要素为 φ80g7 _____，_____公差，公差值_____。
② 被测要素为_____，_____公差，公差值_____。

(5)

被测要素为_____，基准要素为_____，_____公差，公差值_____。

(6)

① 基准要素为_____，被测要素为_____，_____公差，公差值_____。
② 被测要素为_____，（形状）公差，公差值_____。

6.5.7 读懂文字叙述的几何公差含义，标注在图中

(1)

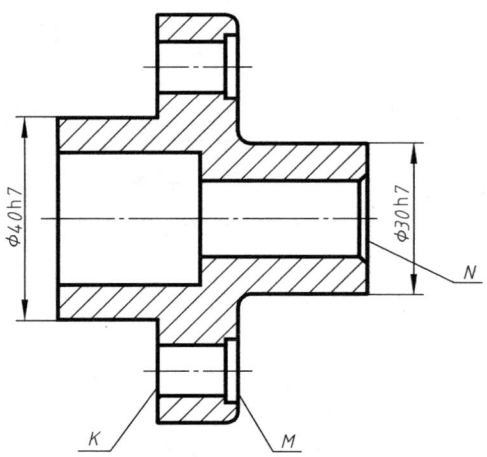

① 以 K 面为基准，被测要素为 φ40h7 的轴线，圆跳动公差为 0.03mm。

② M、N 面对 φ30h7 轴线的垂直度公差为 0.04mm。

③ φ30h7 轴线对 φ40h7 轴线的同轴度公差为 0.02mm。

(2)

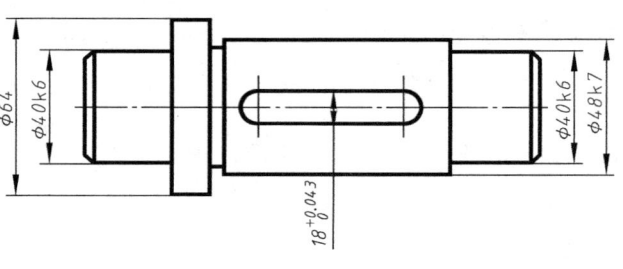

① 两个 φ40k6 圆柱面的圆柱度公差为 0.02mm。

② φ48k7 圆柱面对两个 φ40k6 公共轴线的圆跳动公差为 0.02mm。

③ φ64 轴肩右端面对 φ48k7 轴线的全跳动公差为 0.025mm。

④ $18_{0}^{+0.043}$ 键槽的中心平面与 φ48k7 轴线的对称度公差为 0.03mm。

6.6 识读零件图

6.6.1 读活动钳口零件图，并完成下列要求

（1）用箭头标出零件长、宽、高三个方向的尺寸基准。

（2）在指定位置画出 A 向视图。

（3）零件图中两处 M8 的螺纹孔的定位尺寸是_____和_____；螺纹孔的螺纹深度是_____mm。

（4）零件图中的 φ20H8 表示：公称尺寸 φ20，H 表示_____，8 表示_____。该孔的深度是_____mm。

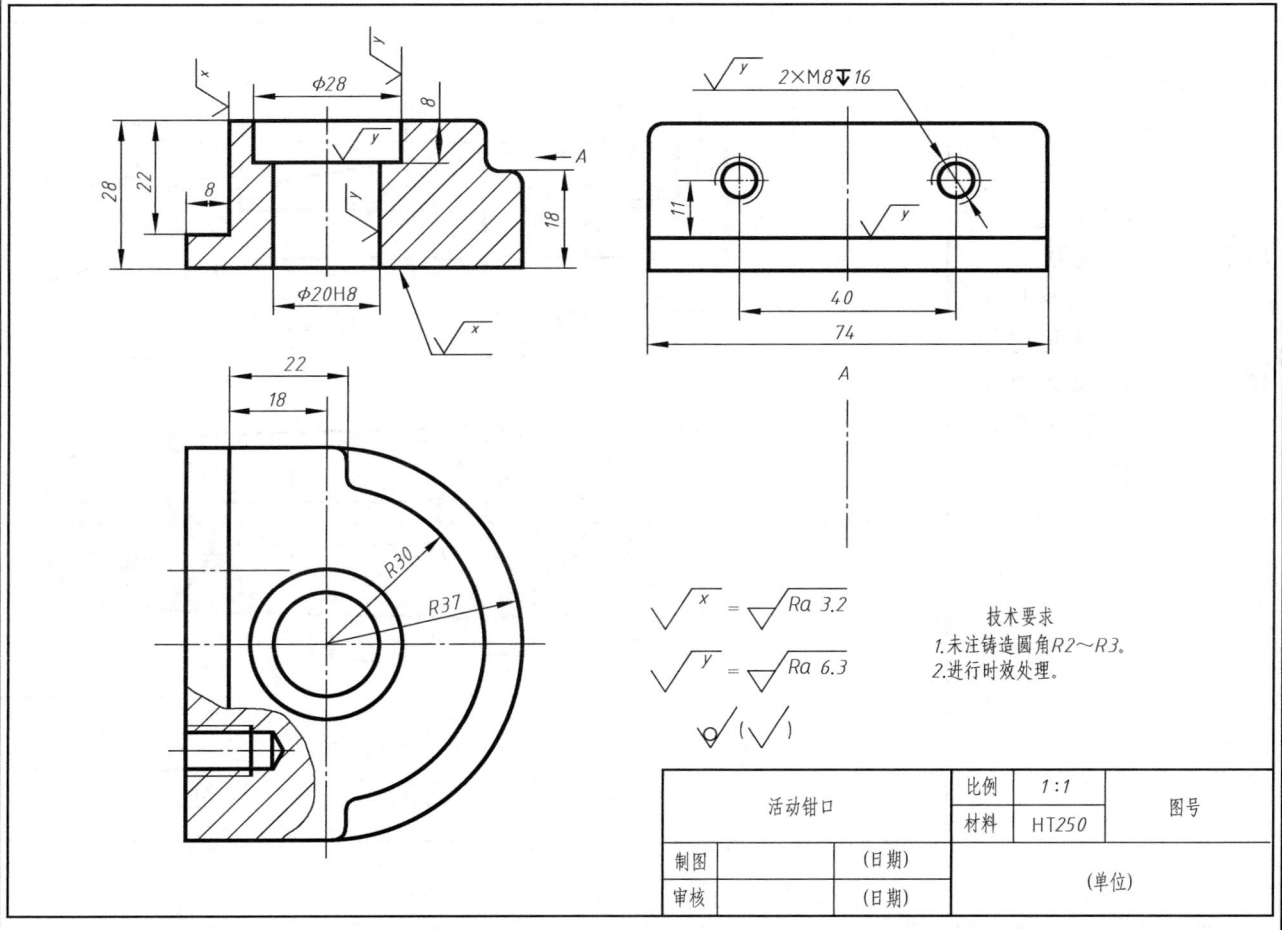

6.6.2 读拨杆零件图，并完成下列要求

（1）用箭头标出零件长、宽、高三个方向的尺寸基准。

（2）在指定位置画出 A—A 断面图。

（3）零件图中的方向公差的含义是：以_____为基准，_____的平行度公差值为____。

（4）零件的材料是_____；表面粗糙度（Ra 值）最高值是_____μm，未注圆角是_____mm。

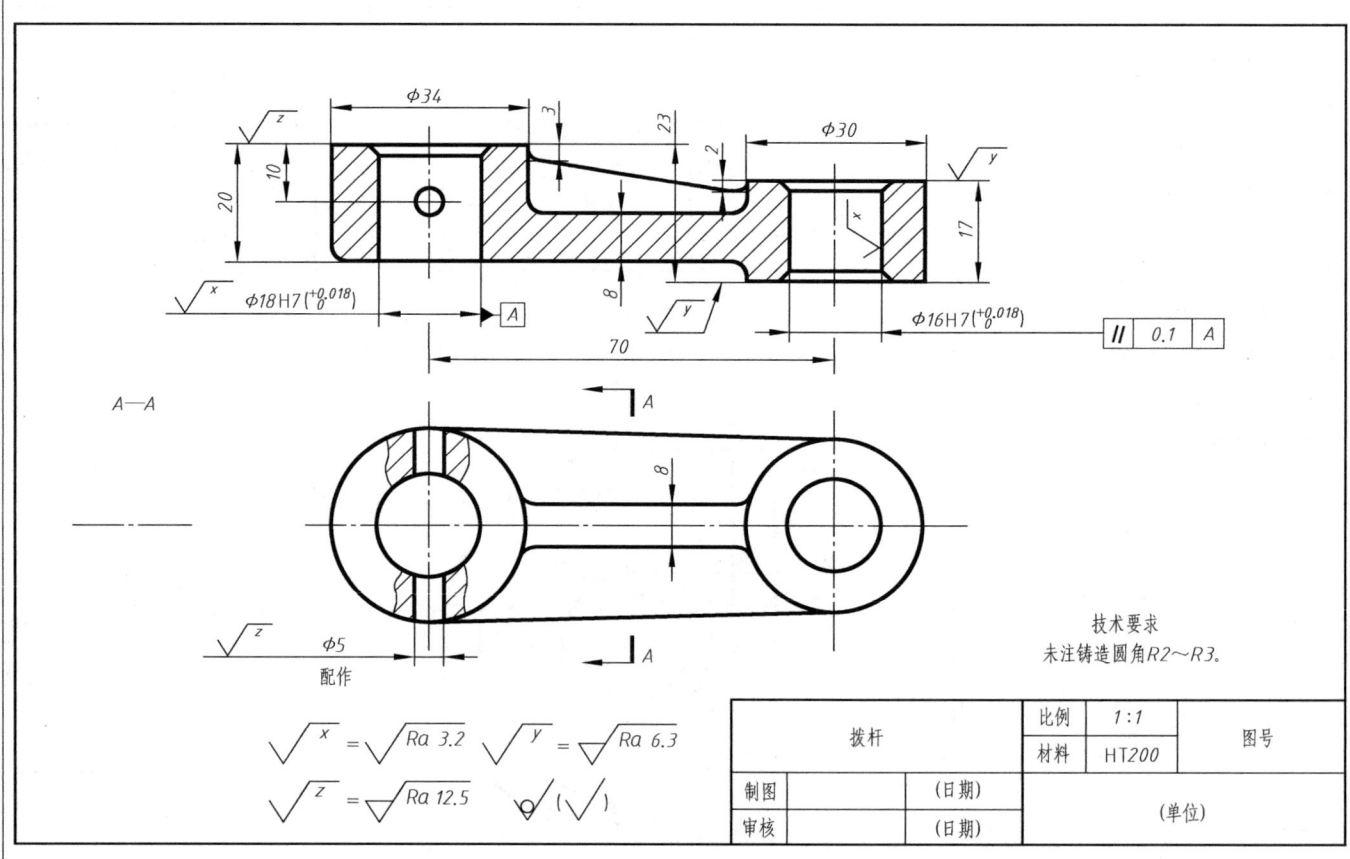

6.6.3 读叉杆零件图，并完成下列要求

（1）用箭头标出零件长、宽、高三个方向的尺寸基准。

（2）在指定位置画出 A—A 剖视图。

（3）在零件图中，分别采用了＿＿＿＿＿表达；零件的材料是＿＿＿＿。

（4）零件中的 $\phi 20^{+0.021}_{-0.062}$ 孔的公称尺寸是＿＿＿＿，下极限尺寸是＿＿＿＿，上极限尺寸是＿＿＿＿，公差是＿＿＿＿。

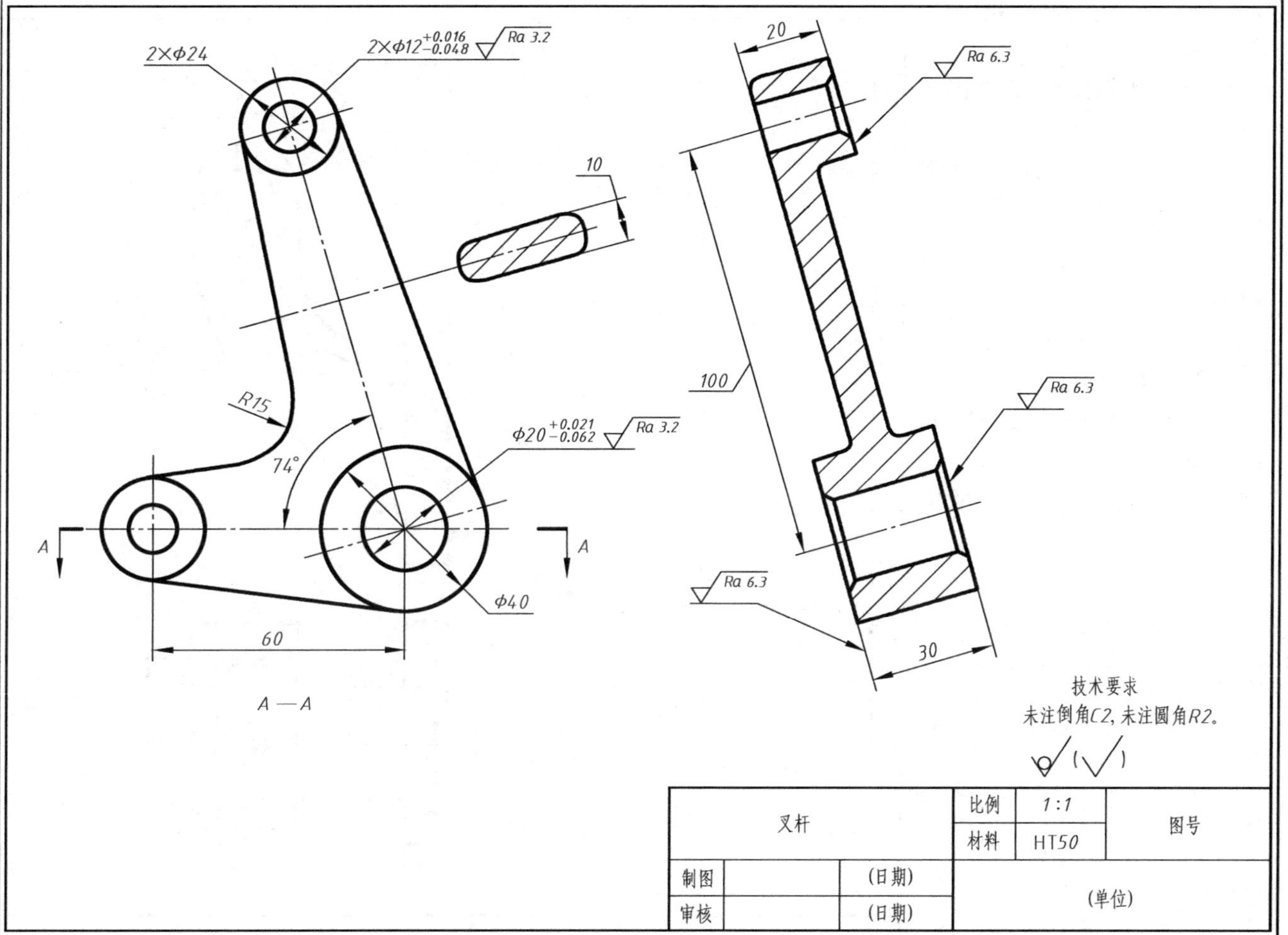

技术要求
未注倒角C2，未注圆角R2。

	叉杆	比例	1:1	图号
		材料	HT50	
制图		（日期）		（单位）
审核		（日期）		

6.6.4 读托架零件图，并完成下列要求

（1）用箭头标出零件长、宽、高三个方向的尺寸基准。

（2）在指定位置画出 B 向视图。

（3）在零件图中，分别采用了_____
_____
表达_____
_____；
零件的材料是_____。

（4）零件中的孔 $\phi 18H7$ 的公称尺寸是_____，H 表示_____，孔的定位尺寸是_____。

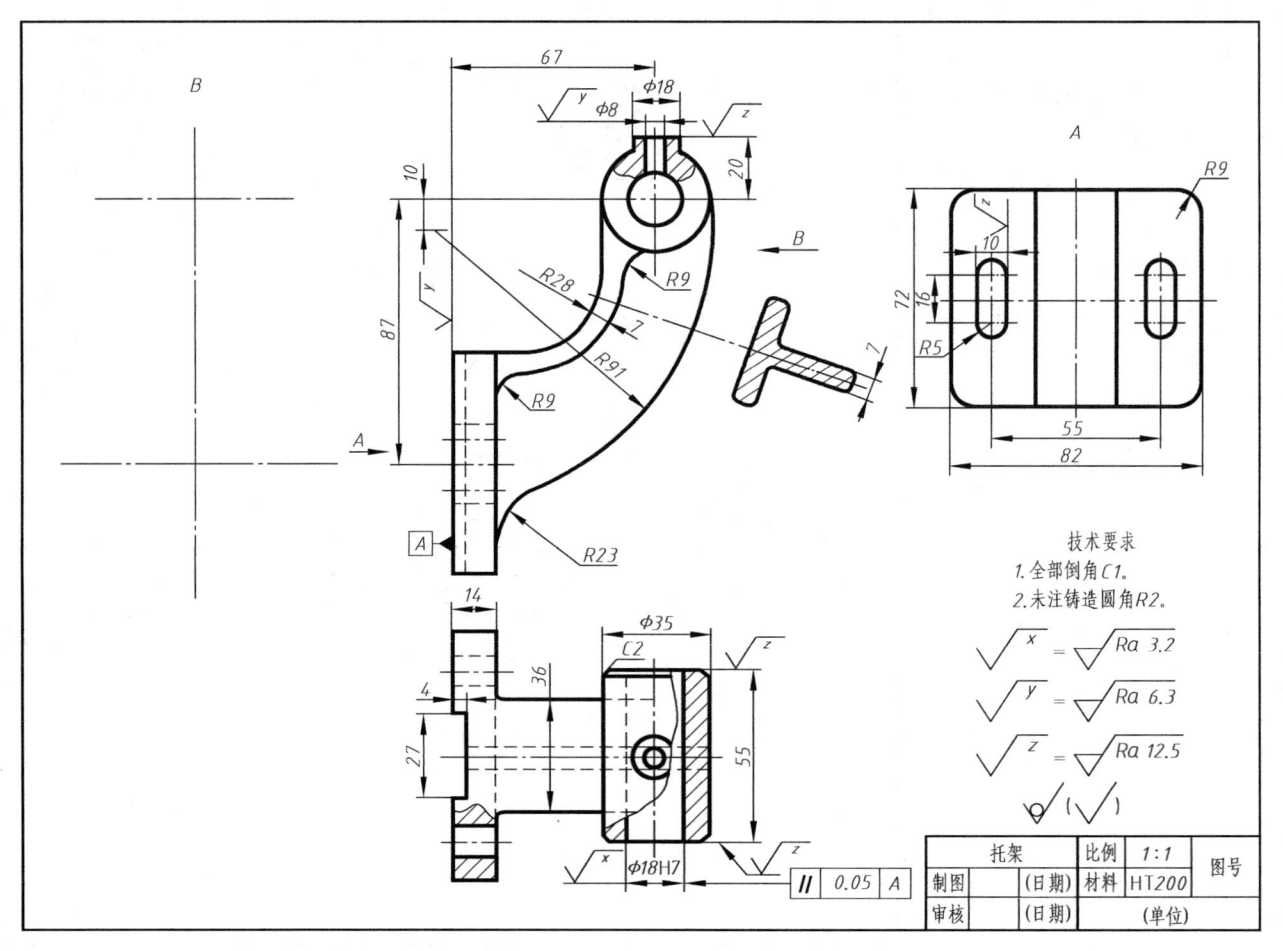

6.6.5 读座体零件图，并完成下列要求

（1）用箭头标出零件的长、宽、高三个方向的尺寸基准。

（2）在指定位置画出 A 向视图。

（3）零件图中几何公差的含义是：以_____为基准的_____公差为 0.04mm。

（4）零件中的 $\phi 120 K7 \binom{+0.010}{-0.025}$ 表示：$\phi 120$ 是_____尺寸，K7 表示_____，下极限尺寸是_____。

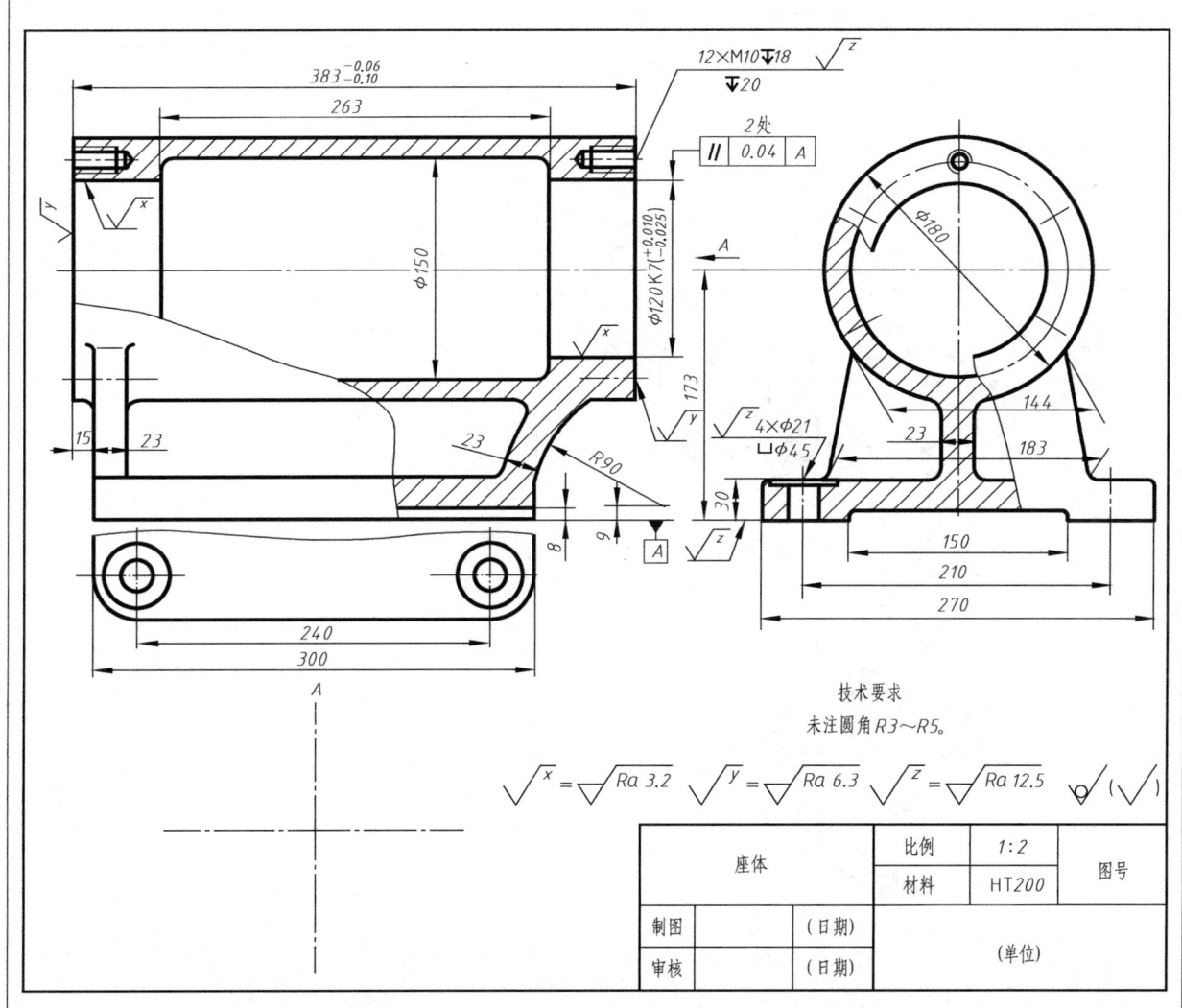

6.7 绘制零件图

班级：　　　姓名：　　　学号：

根据给出的支架立体图绘制零件图

零件名称：支架

材料：HT200

零件毛坯：铸件

未注圆角 R3，未注倒角 C2

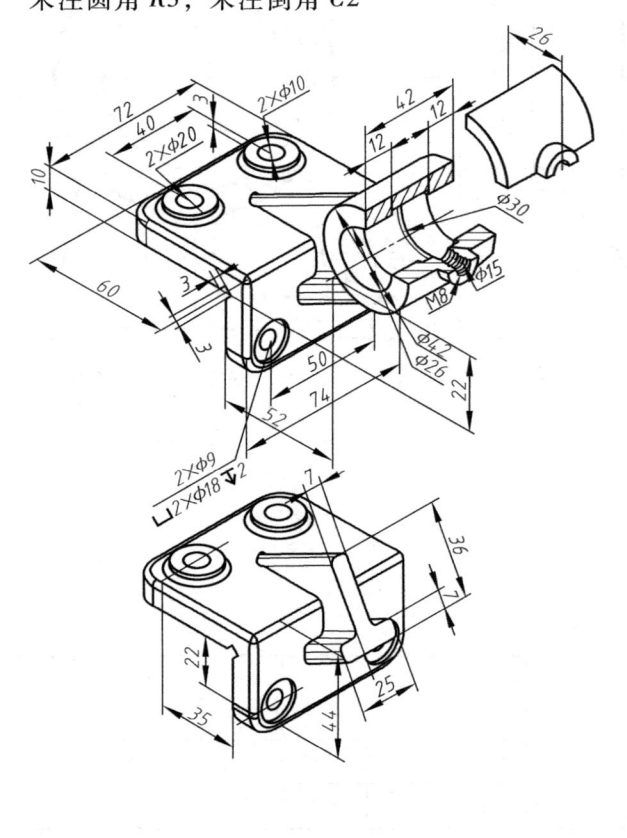

第7章 装 配 图

7.1 装配图的作用及内容

7.1.1 读支顶装配图，并完成下列问题

（1）在下页图框中，绘制3号件的零件图。

（2）装配图中3号件的作用是_____，2号件与1号件之间是_____连接。

（3）装配图中的尺寸100~140是_____尺寸，尺寸 φ22 是_____尺寸。

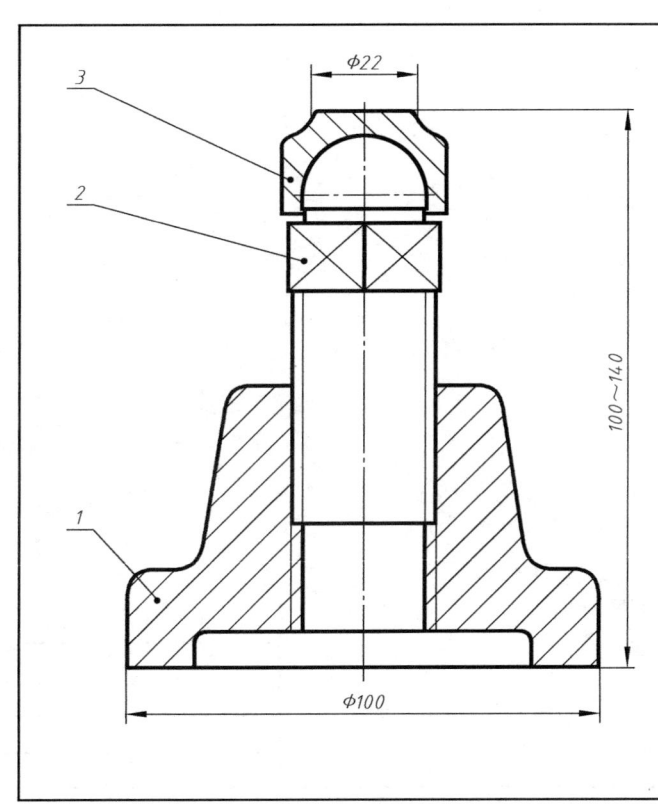

班级：　　　　　姓名：　　　　　学号：

7.1.2 读上模装配图，并完成下列问题

（1）在下页的图框中，绘制3号件的零件图。

（2）装配图中标准件的序号分别是_____；其中两个销的作用是_____；5号件的作用是_____。

（3）装配图中的尺寸100是_____尺寸；$\phi 30 \frac{H7}{s6}$ 是_____尺寸；凸模的材料是_____。

（4）图中几何公差的含义是_____。

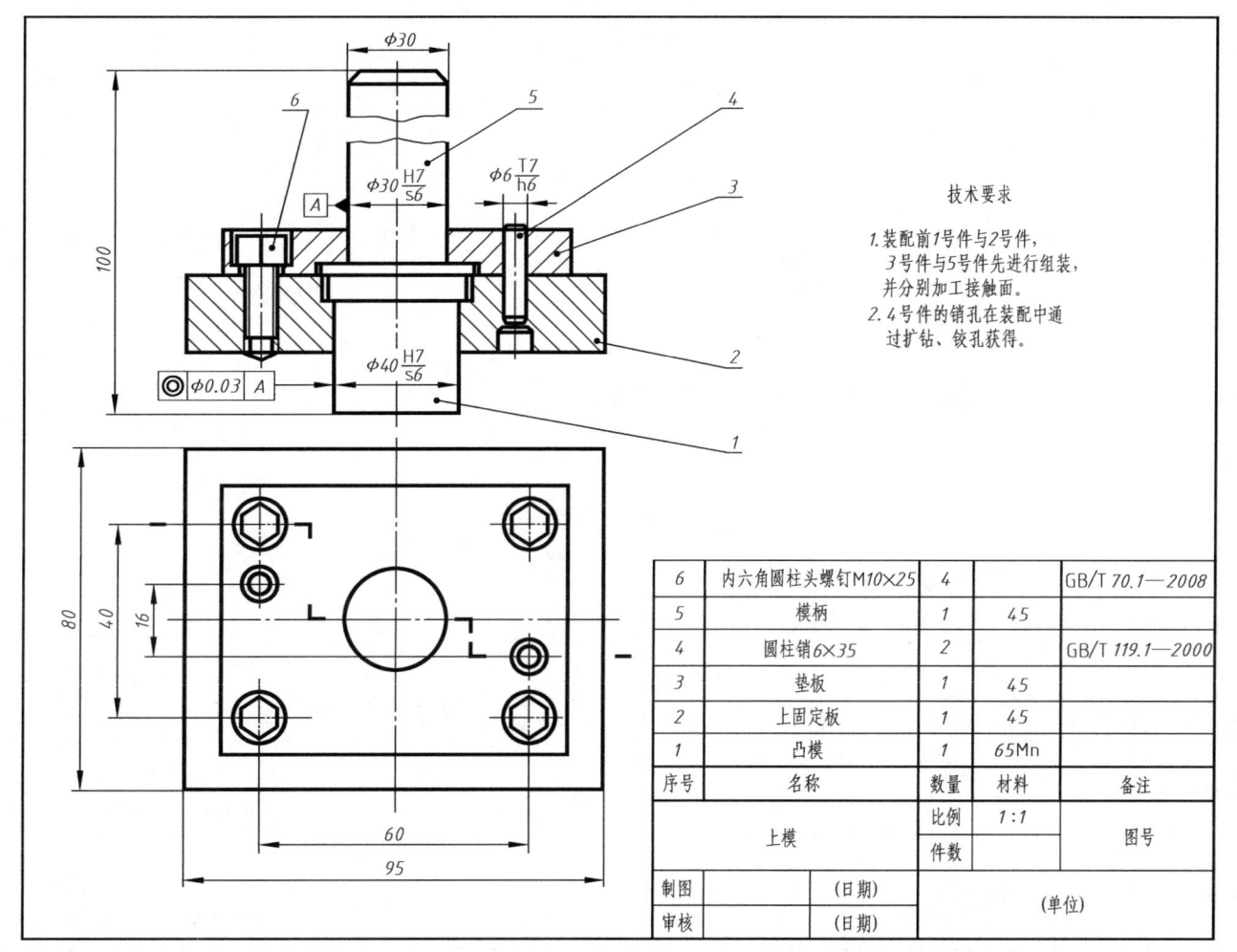

班级： 姓名： 学号：

7.2 装配图的表达方法

班级：　　　　　姓名：　　　　　学号：

读支架装配图，并完成下列问题

（1）在下页的图框中，绘制3号件的零件图。

（2）装配图中共有_____种零件；1号件与4号件连接方式为_____，1号件_____（可以，不可以）转动。

（3）装配图中的外形尺寸是_____，$2\times\phi12$ 和 40 是_____尺寸；图中的 A 向视图表达的内容是_____。

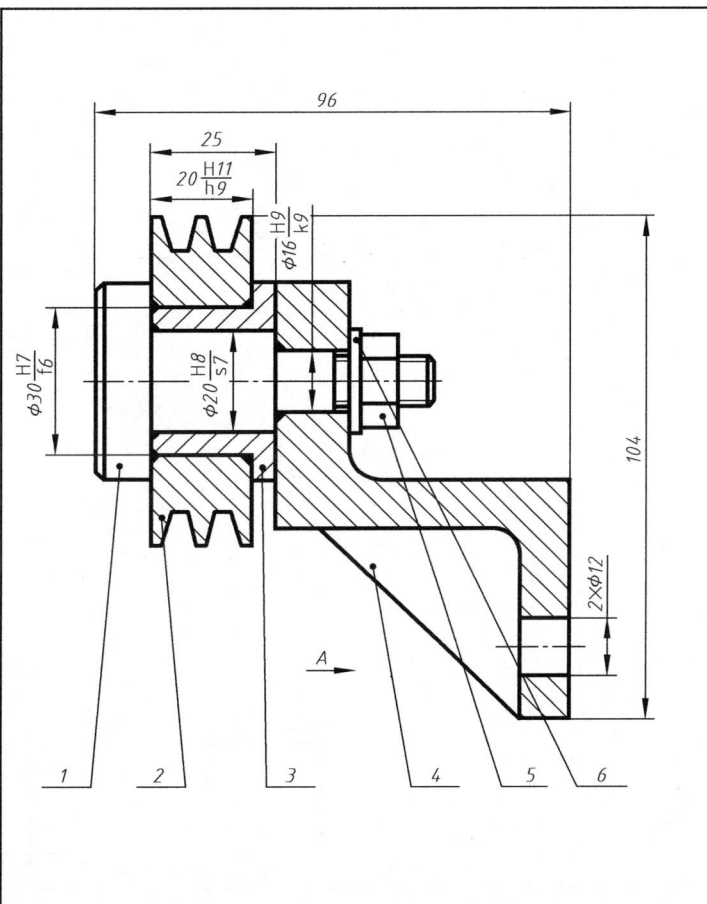

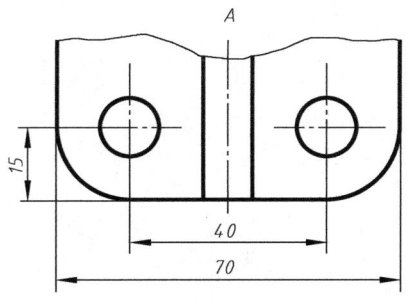

技术要求

1.装配时2号件与3号件之间涂润滑脂。
2.装配后2号件可灵活转动。

6	垫圈	1		
5	螺母	1		
4	支架	1		
3	套	1		
2	轮	1		
1	轴	1		
序号	名称	数量	材料	备注
支架		比例		图号
		件数		
制图		(日期)	(单位)	
审核		(日期)		

班级： 姓名： 学号：

7.3 由装配示意图及零件图拼画装配图

班级：　　　　　姓名：　　　　　学号：

根据螺旋千斤顶的装配示意图和零件图，拼画螺旋千斤顶的装配图

1. 目的、内容与要求

掌握绘制装配图的方法和步骤。根据所绘制装配图的结构特点，选择适当的表达方案，标注尺寸、零件序号，填写标题栏、明细栏。

2. 图名、图幅和比例

图名：千斤顶；

图幅：A3；

比例：1∶1。

3. 螺旋千斤顶的工作原理

螺旋千斤顶是利用螺旋传动来顶举重物的。工作时手柄穿在螺杆上部的圆孔中，转动手柄，螺杆也随之转动，并且螺杆通过螺母中的螺纹上升而顶起重物。螺母镶嵌在底座里，用螺钉固定。在螺杆球面顶部套一个顶帽，顶帽可根据需要更换。在螺杆顶部加工一个环形槽，将一螺钉伸进环形槽锁定，以防止顶帽随螺杆一起转动时脱落。

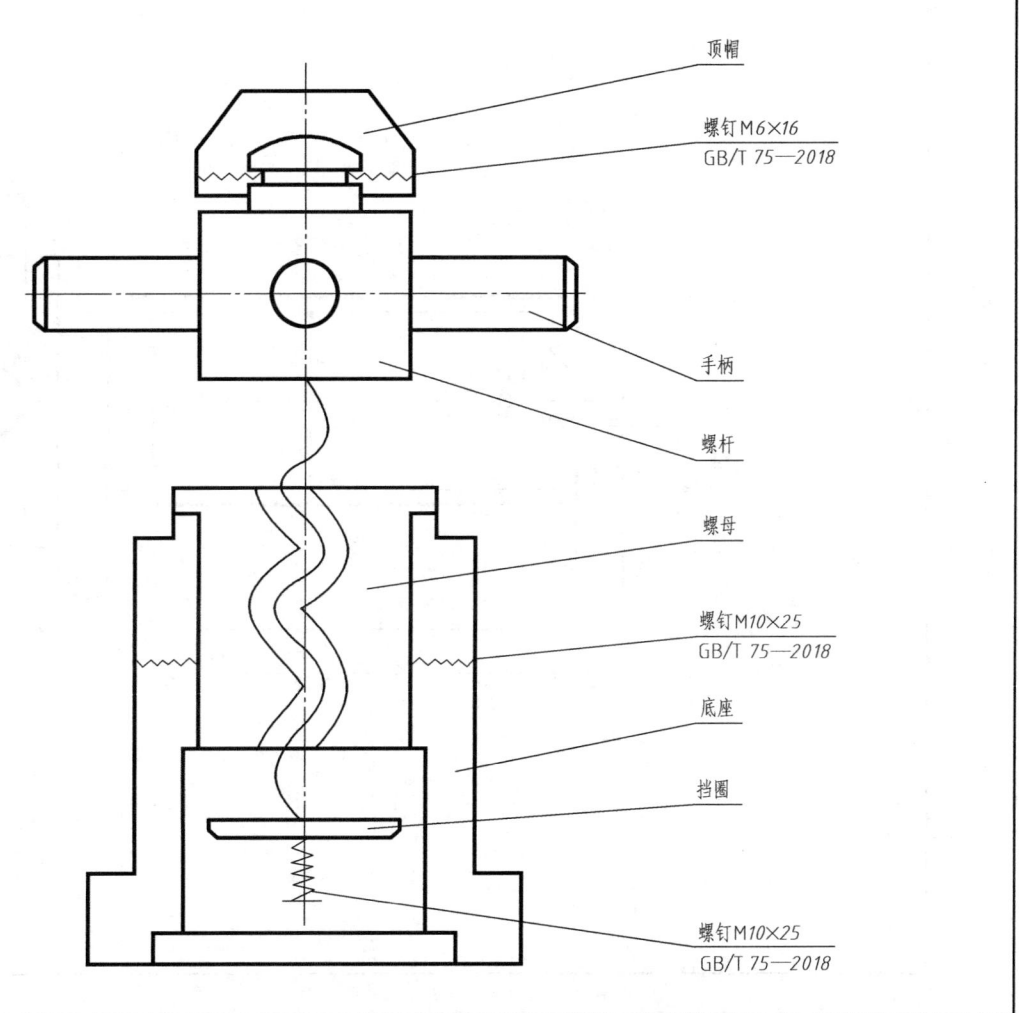

班级： 姓名： 学号：

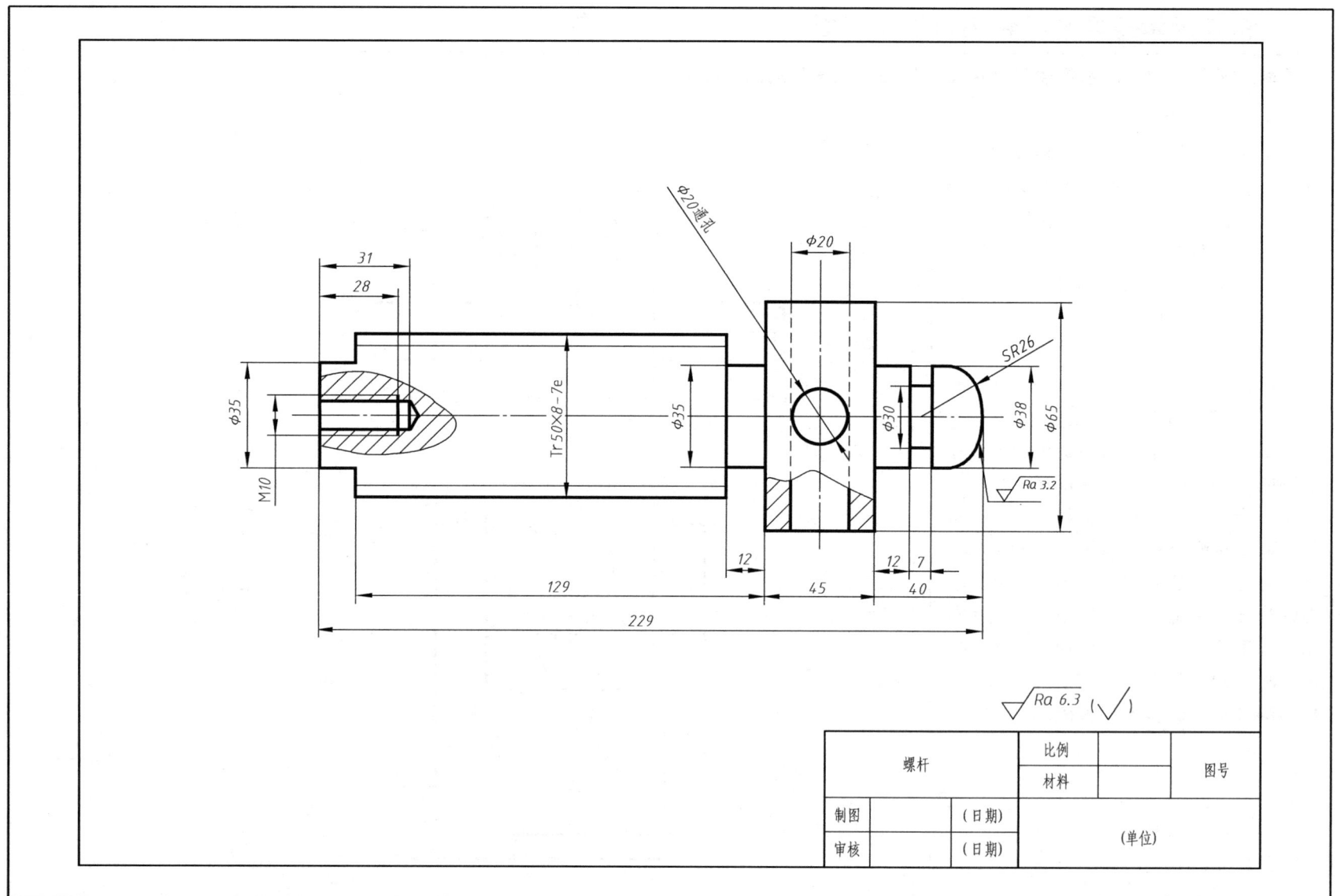

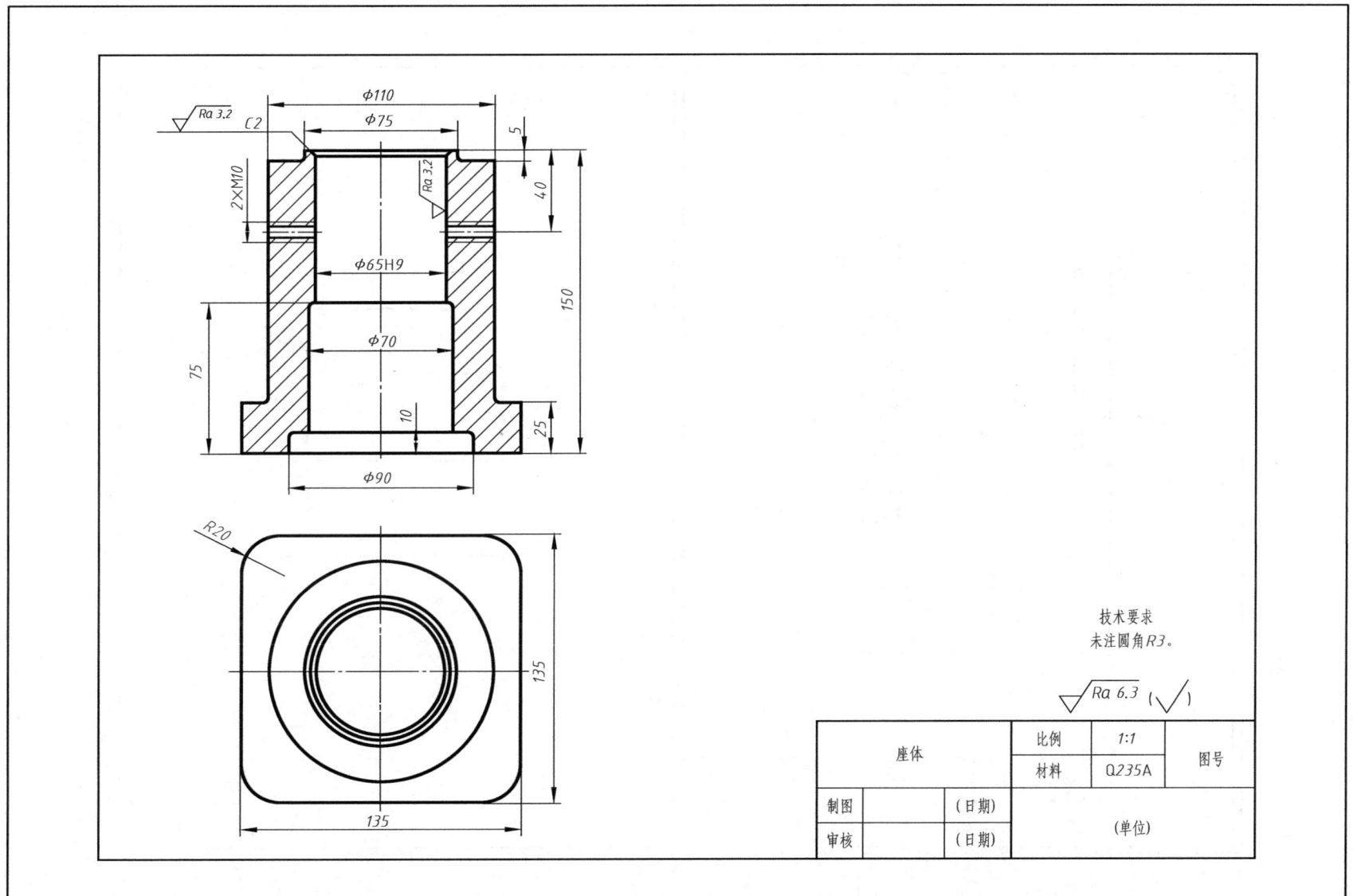

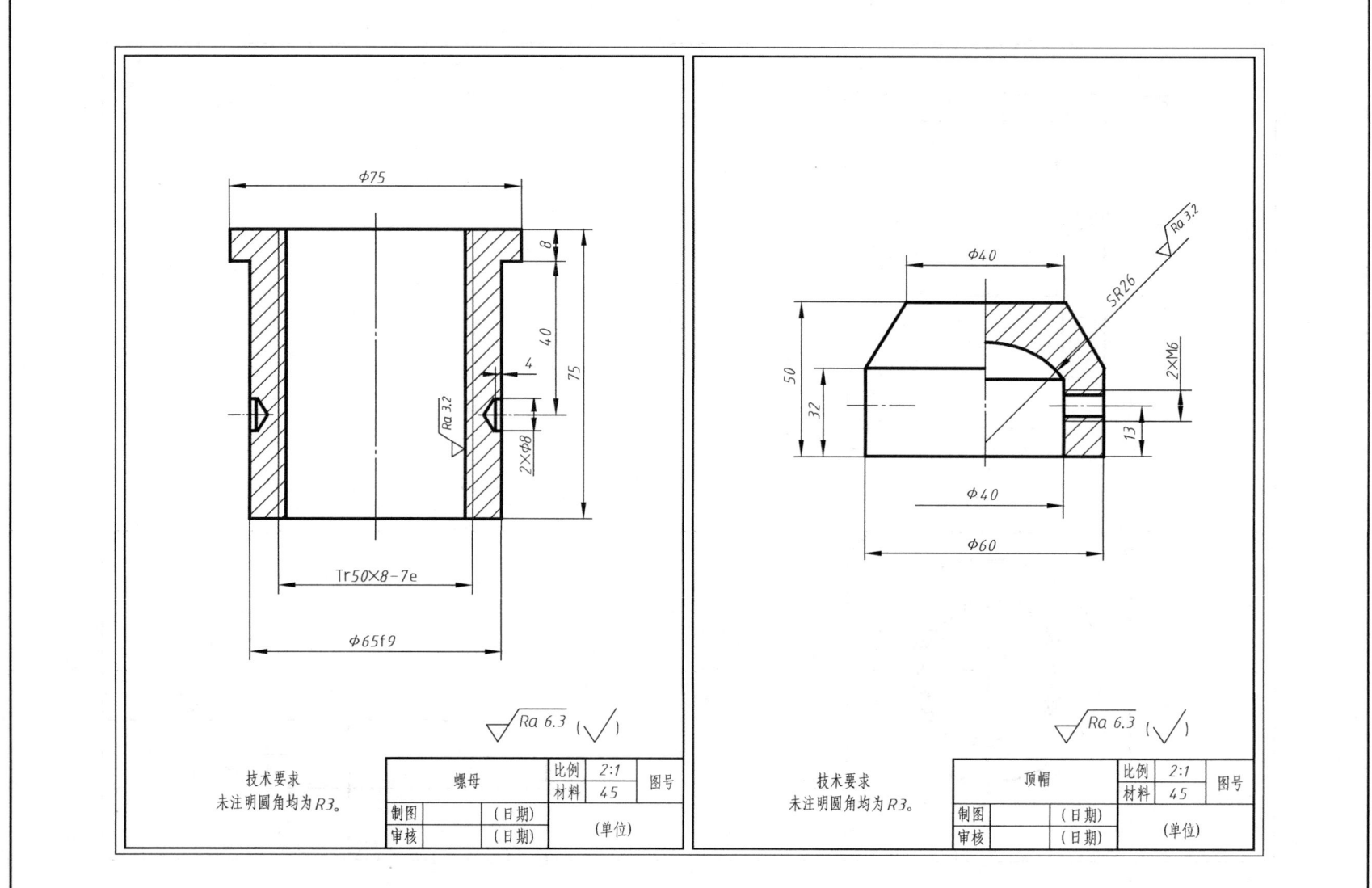

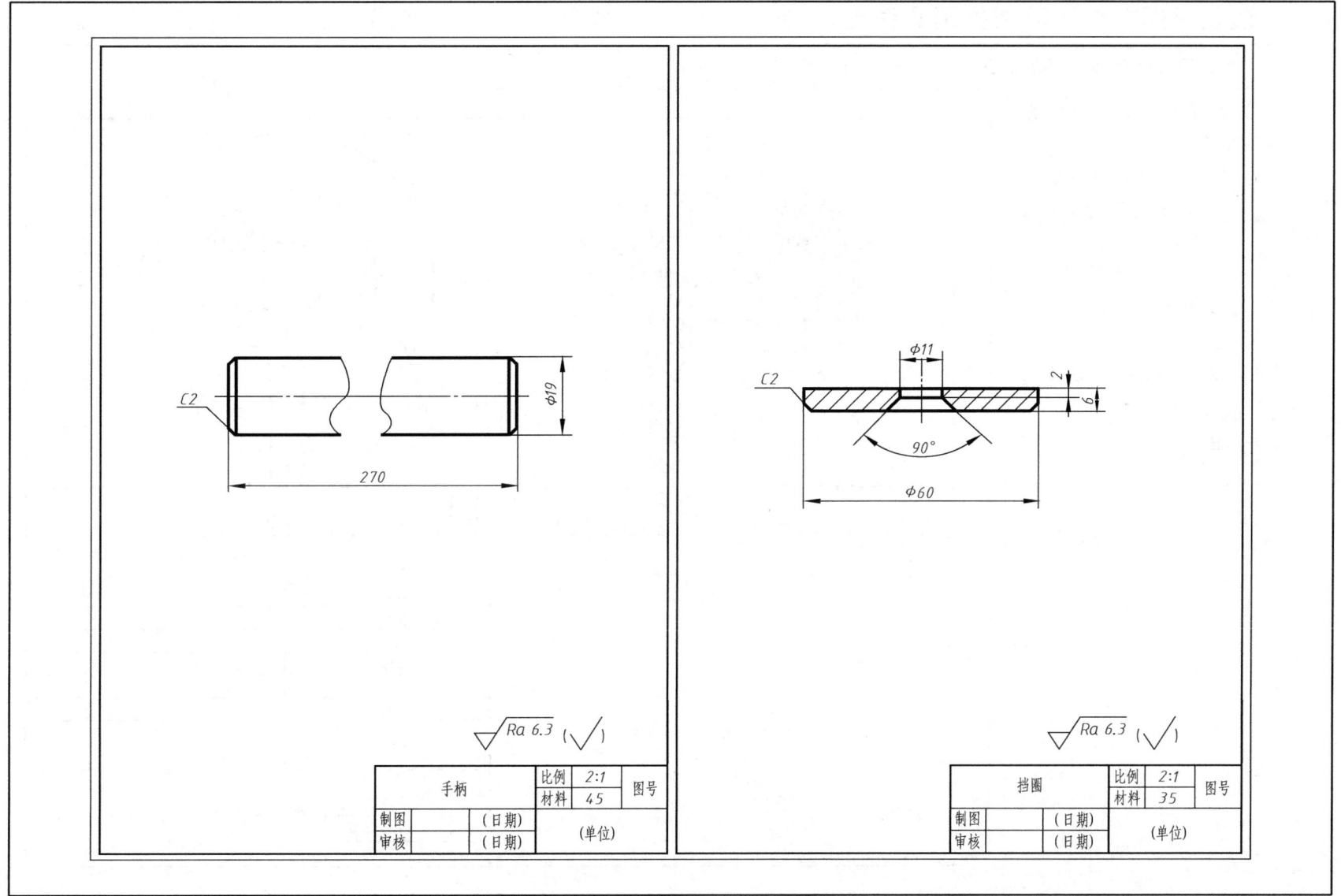

7.4 读装配图并由装配图拆画零件图

班级：　　　　　姓名：　　　　　学号：

7.4.1 读定滑轮装配图拆画零件图，并完成下列问题

（1）在下页图框中，绘制5号件的零件图。

（2）装配图中6号件的作用是＿＿＿＿＿＿，6号件与1号件是＿＿＿＿＿连接。

（3）装配图中的尺寸160是＿＿＿＿＿尺寸，尺寸250是＿＿＿＿＿尺寸。

（4）装配图的外形尺寸为＿＿＿＿＿＿。

（5）主视图采取了＿＿＿＿＿＿＿＿＿＿＿＿＿＿剖。

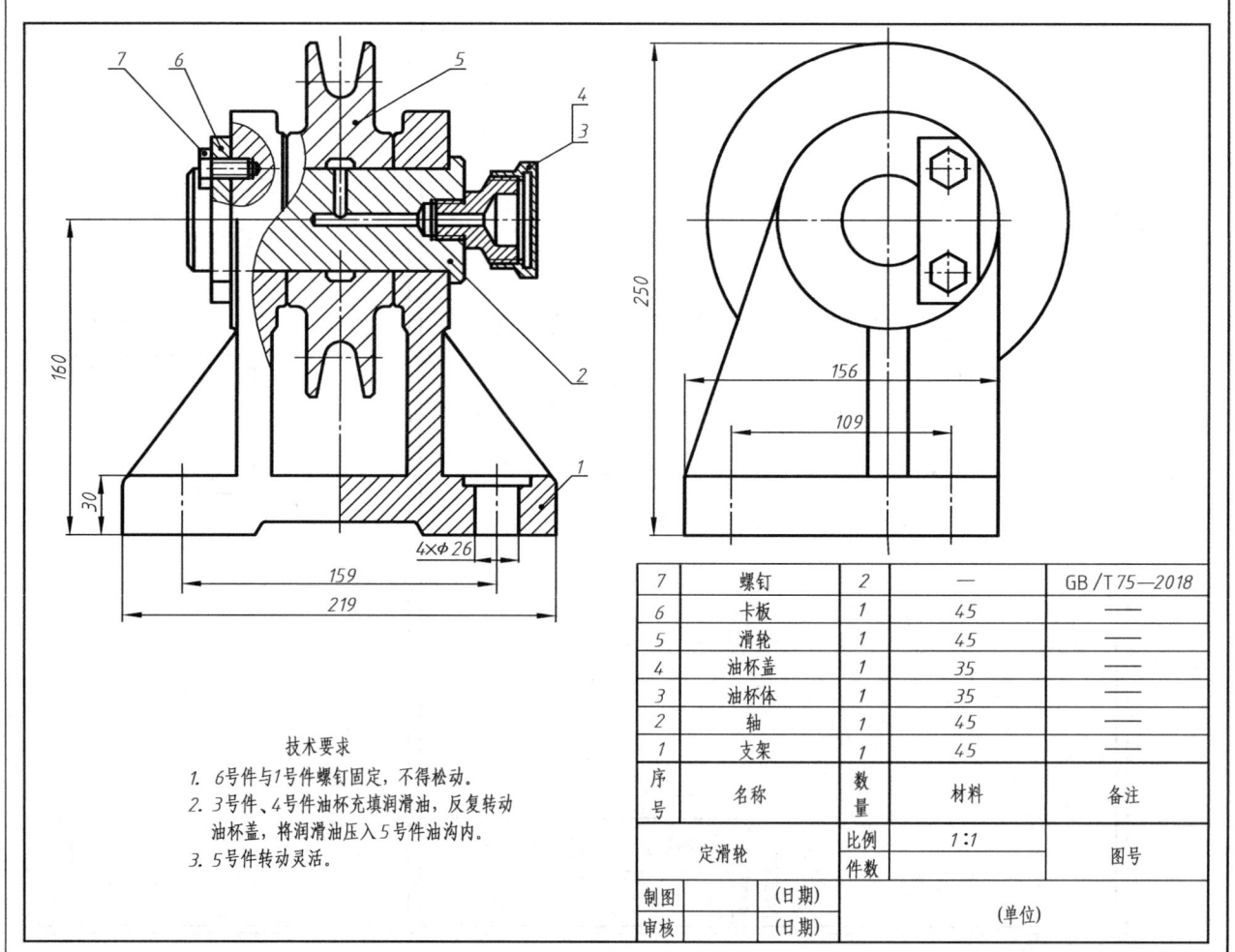

班级：　　　　　姓名：　　　　　学号：

7.4.2 读转阀装配图，并完成下列问题

（1）在下页图框中，绘制4号件的零件图。

（2）主视图采用的表达方法是_____。

（3）装配图中3号件的作用是_____，1号件与4号件的连接方式为_____。

（4）装配图中的尺寸130是_____尺寸，尺寸2×M21×1.5是_____尺寸。

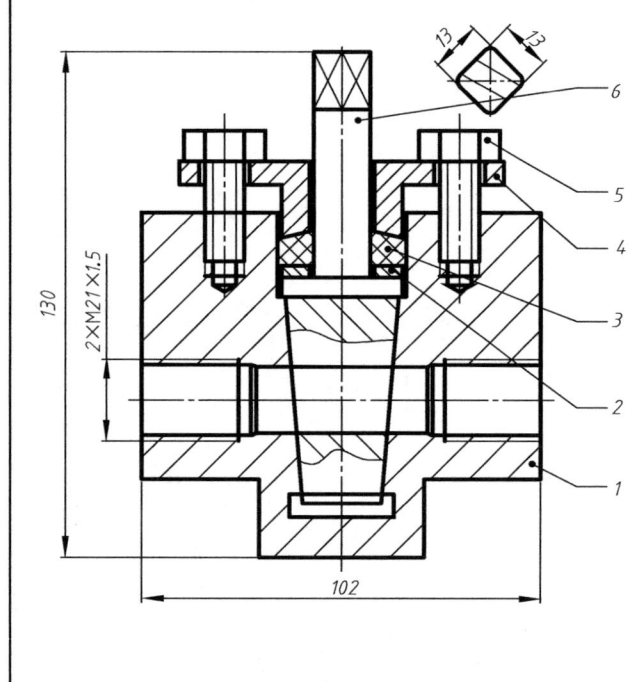

技术要求

1. 装配图中6号件与1、2号件之间涂润滑脂。
2. 装配后6号件能转动。

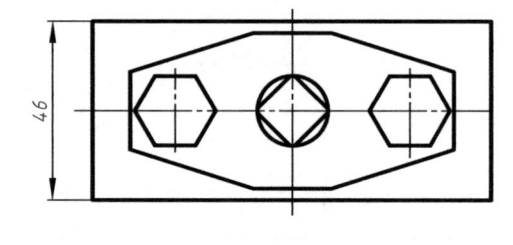

6	阀芯	1	45	—
5	螺钉	2	35	GB/T 75—2018
4	压盖	1	35	
3	填料	1	橡胶	
2	垫圈	1	40	—
1	阀体	1	HT250	—
序号	名称	数量	材料	备注
转阀		比例	1:1	图名
		件数		
制图		（日期）		
审核		（日期）	（单位）	

班级：　　　　　　姓名：　　　　　　学号：

第 8 章　AutoCAD 2016 基本操作及应用

8.1　按 1∶1 的比例用 AutoCAD 软件绘制以下平面图形，并标注尺寸

班级：　　　　　姓名：　　　　　学号：

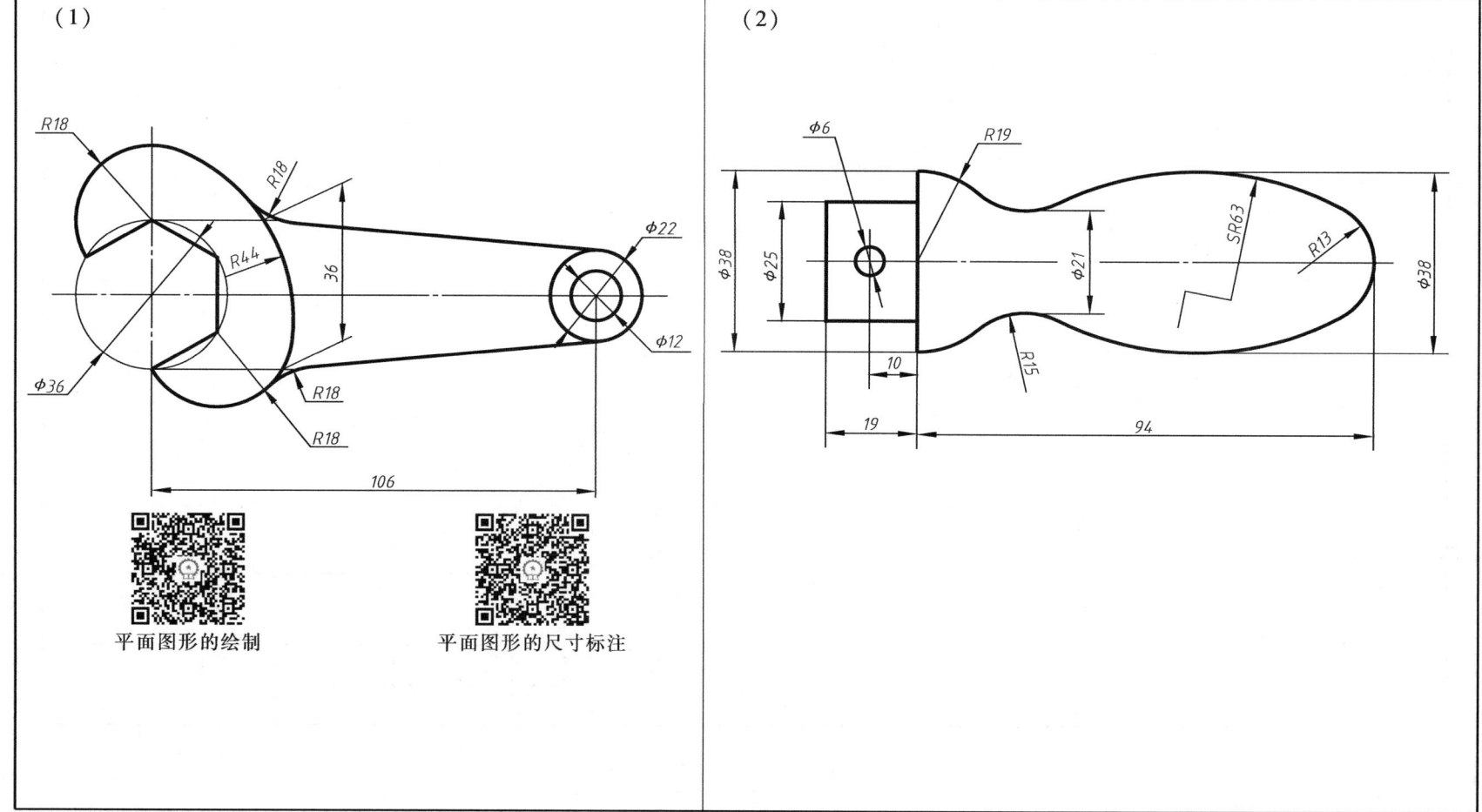

平面图形的绘制　　　平面图形的尺寸标注

8.2 按 1∶4 的比例用 AutoCAD 软件绘制下列平面图形，并完成标注尺寸   班级：   姓名：   学号：

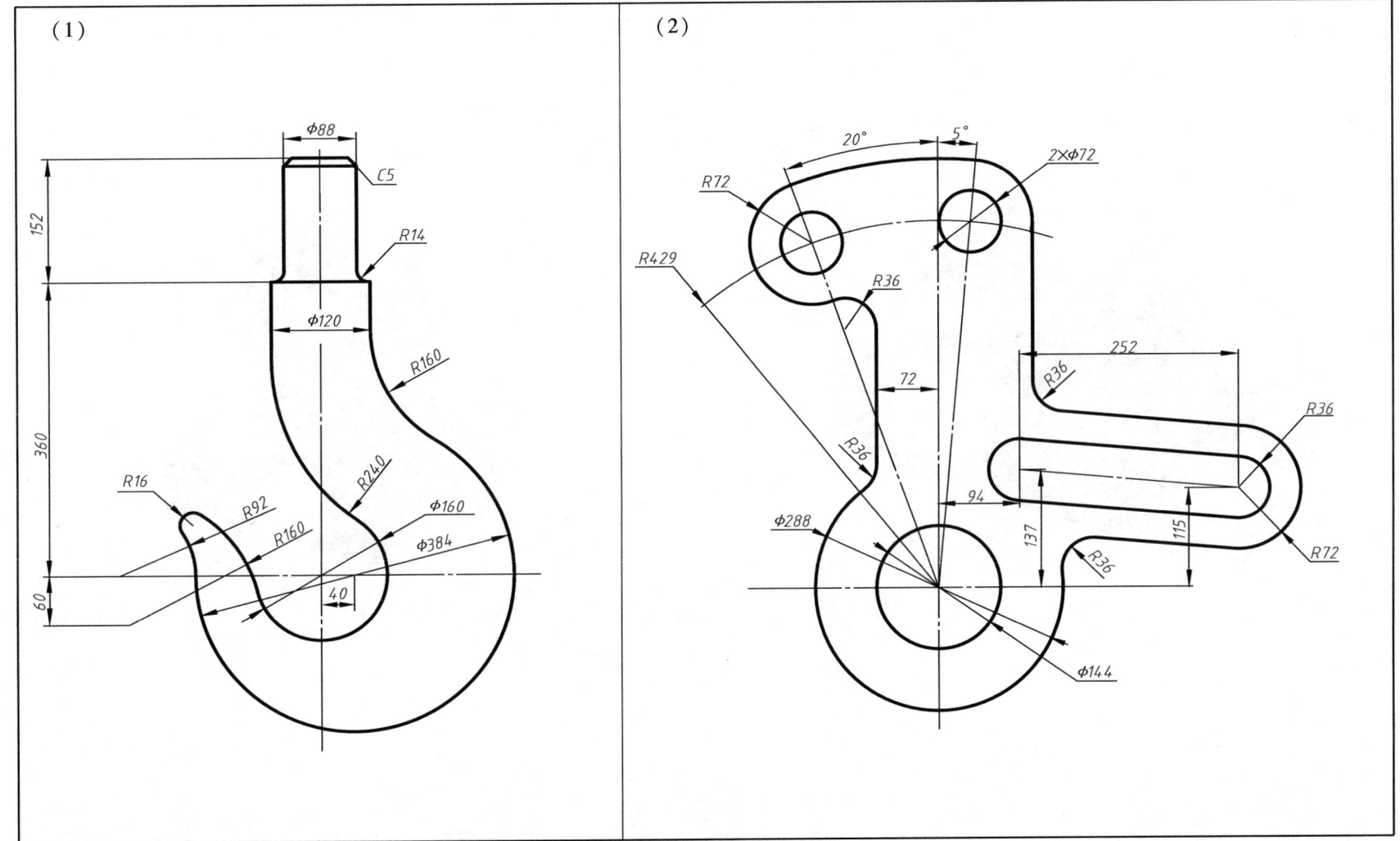

8.3 根据组合体的立体图，用 AutoCAD 软件绘制下列形体的三视图，并标注尺寸

班级： 姓名： 学号：

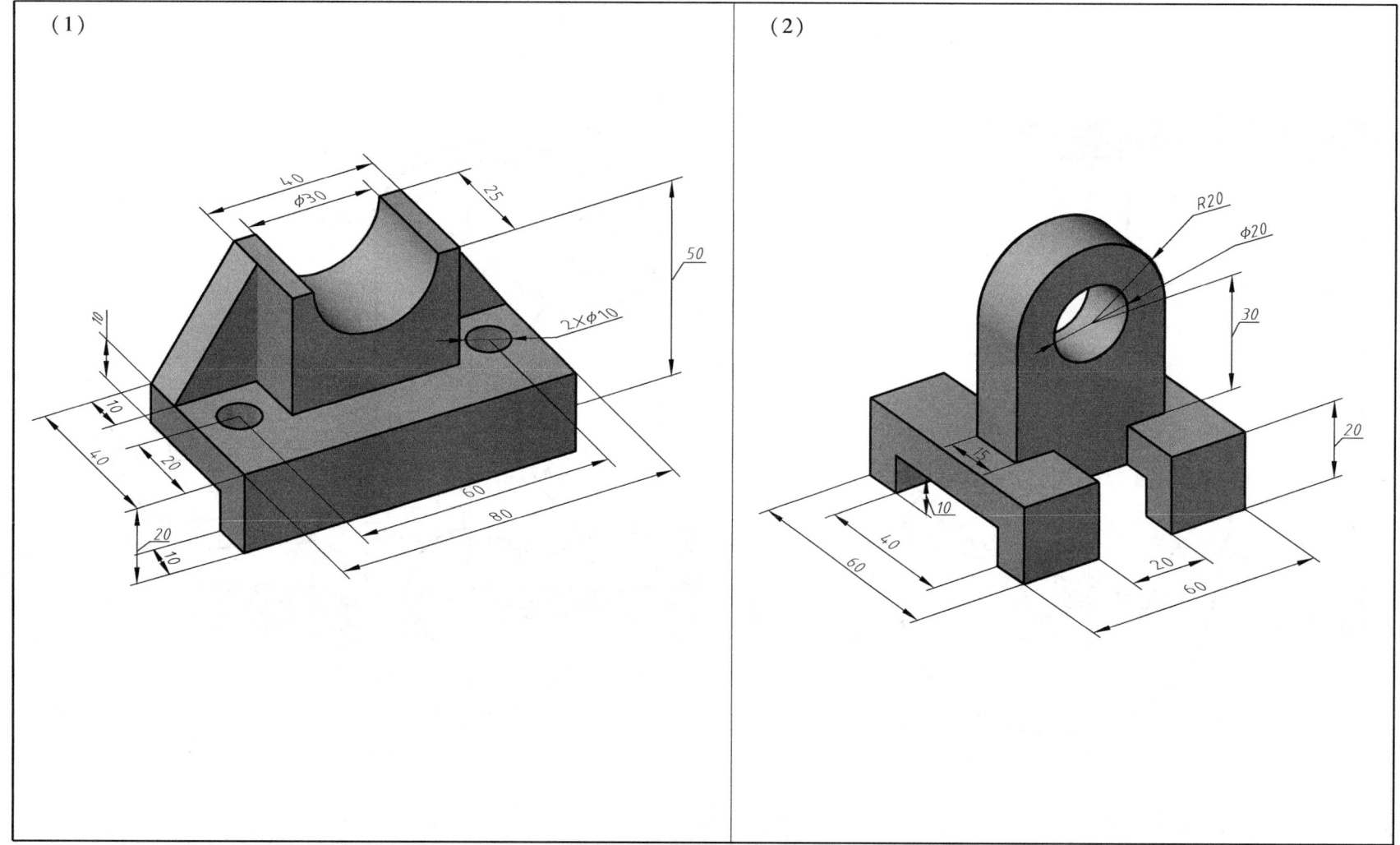

8.4 用 AutoCAD 软件，按 2∶1 的比例抄画下图，并标注尺寸

班级：　　　　姓名：　　　　学号：

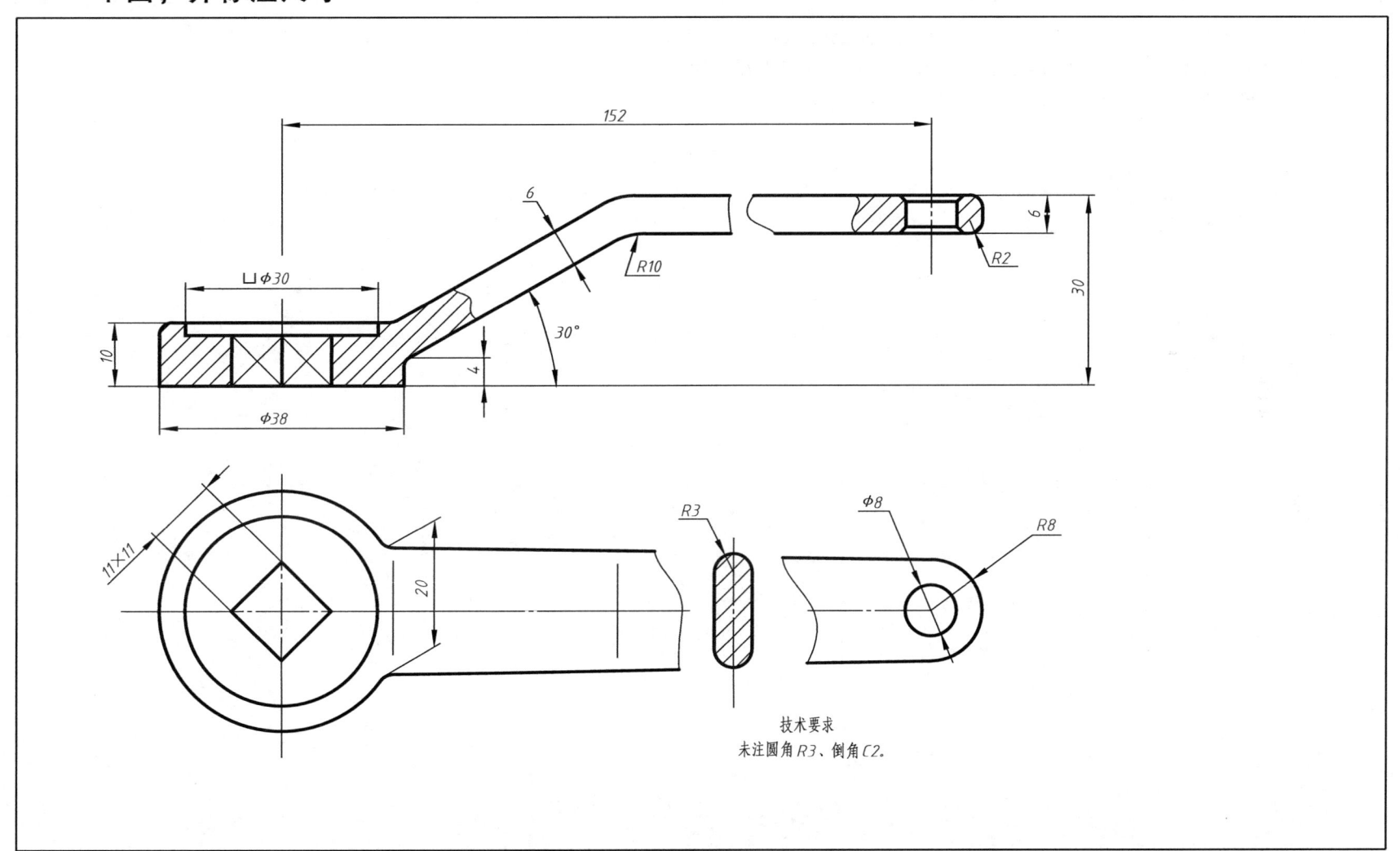

参 考 文 献

[1] 闻邦椿. 机械设计手册 [M]. 6版. 北京：机械工业出版社，2018.

[2] 胡昊，杨琳，陈铁牛. 机械制图习题集 [M]. 北京：现代教育出版社，2014.

[3] 胡建生. 机械制图 [M]. 3版. 北京：机械工业出版社，2018.